Typenkompass

Kriegschiffe der Nato

Die US-Navy seit 1945

Ingo Bauernfeind

Einbandgestaltung: Luis dos Santos

Bildnachweis und Dank: Die zur Illustration dieses Buches verwendeten Aufnahmen
stammen – wenn nicht anders vermerkt – von der United States Navy.

Eine Haftung des Autors oder des Verlages und seiner Beauftragten für Personen-,
Sach- und Vermögensschäden ist ausgeschlossen.

Zum Verkauf freigegeben

ISBN 978-3-613-03855-4

1. Auflage 2016

Sie finden uns im Internet unter www.motorbuch-verlag.de

Lektorat: Joachim Kuch
Innengestaltung: WS – WerbeService Linke, 76185 Karlsruhe
Druck und Bindung: AK-Druck & Medien GmbH, 96277 Schneckenlohe
Printed in Germany

Inhalt

Die Lenkwaffenfregatte »USS Ramsey« (FFG-2) der »Brooke«-Klasse.

Einleitung

Im Laufe des Zweiten Weltkrieges löste die U.S. Navy mit ihren mehr als 6.500 aktiven Schiffen die britische Royal Navy als führende Seemacht ab. In dem sich anschließenden Kalten Krieg verringerte sie während des Wettrüstens mit der Sowjetischen Marine kontinuierlich ihren Schiffsbestand und setzte auf die Entwicklung neuer Technologien. Zu diesen zählten lenkbare Flugkörper gegen See-, Land- und Luftziele, nuklear bestückte Mittel- und Langstreckenraketen, U-Boote, Flugzeugträger und Kreuzer mit Atomantrieb, zahlreiche strahlbetriebene Flugzeugtypen sowie leistungsfähige Radar- und Sonarsysteme. Trotz einer Verkleinerung der Seestreitkräfte entstand somit eine Flotte, die sich zunehmend aus Schiffen mit vielseitigeren Einsatzprofilen zusammensetzte. In den 1980er Jahren reaktivierte die U.S. Navy für einige Jahre die vier Schlachtschiffe der »Iowa«-Klasse, da sie diese als Gegenstücke zu den sowjetischen Raketenkreuzern sowie als Artillerieträger für die Unterstützung von Landungsoperationen benötigte (siehe auch: »*Typenkompass: Schlachtschiffe der U.S. Navy seit 1905*«, ebenfalls erschienen beim Motorbuch-Verlag).

Gegen Ende des Kalten Krieges umfasste die aktive Flotte rund 600 Einheiten. Nach dem Ende der Ost-West-Konfrontation erfolgte eine weitere Verringerung der Seestreitkräfte, sodass die aktive Flotte heute aus rund 270 Schiffen und etwa 3.700 Luftfahrzeugen bei einer Personalstärke von 328.000 Menschen (ohne Reserve) besteht. Seit dem Kalten Krieg bilden mehrere Flugzeugträgerkampfgruppen das Herzstück der Überwasserflotte. Diese kamen seit dem Koreakrieg 1950 bei allen Konflikten zum Einsatz. Ihre Flugzeuge bekämpfen Land- und Seeziele oder stellen die Lufthoheit her. Bei Krisen können die Träger eine Drohkulisse aufbauen, politische Zugeständnisse erzwingen oder bei humanitären Einsätzen Versorgungsaufgaben übernehmen. Amphibische Angriffsschiffe (»Amphibious Assault Ships«) können mit Landungsbooten, Hubschraubern oder

Zwei »F-4N Phantom II« über der »USS Ranger« im Jahre 1977.

Künstlerische Darstellung des nicht verwirklichten »CGN-42«-Entwurfes von V. Piecyk, U.S. Navy. Die »CGN-42«-Klasse war als Nachfolger für die »Virginia«-Klasse geplant aber wegen der hohen Kosten nicht realisiert. Stattdessen entwickelte man die »Ticonderoga«-Klasse mit »AEGIS«-Kampfsystem.

senkrecht startenden Flugzeugen Invasionen an feindlichen Küsten unterstützen. Durch ihre großen Lazarettkapazitäten dienen sie auch bei humanitären Missionen. Da die Träger und die Angriffsschiffe aufgrund ihrer Größe sehr verwundbar sind, operieren sie ausschließlich mit einem Begleitschutz. Dieser bestand bis 2015 aus Kreuzern, Zerstörern und Fregatten zur Abwehr von Flugkörpern und U-Booten. Moderne Kreuzer und Zerstörer können je nach Konfiguration auch alleine zur Seeraumkontrolle, Piraterie- und Terrorismusbekämpfung sowie zum Landzielbeschuss bzw. zur Unterstützung von Landungsoperationen zum Einsatz kommen. Die kleineren Fregatten beschützten vorrangig die Träger und andere Überwassereinheiten vor U-Boot- oder Luftangriffen. Seit ihrer Ausmusterung übernehmen zunehmend moderne Küstenkampfschiffe (»Littoral Combat Ships« / LCS) einen Teil ihrer Aufgaben. Die »LCS«-Einheiten operieren vorrangig in Küstengewässern. Dort betreiben sie Aufklärung, setzen Spezialkräfte ab, bekämpfen kleine Seestreitkräfte und Landziele oder helfen bei der Eindämmung von Piraterie und Schmuggelei. Seit dem Ende des Kalten Krieges stellt der asymmetrische Kampf gegen den internationalen Terrorismus eine neue Herausforderung dar, der die Entwicklung von neuen Schiffstypen und Waffensystemen

erfordert. Neben den »Littoral Combat Ships« zählen hierzu Flugdrohnen sowie unbemannte Über- und Unterwasserfahrzeuge.

Um ihre globale Präsenz und Dominanz aufrecht zu erhalten, verfügt die U.S. Navy über insgesamt sechs schlagkräftige Flotten. Diese erfordern aufgrund ihrer Größe, Komplexität und Personalstruktur eine Vielzahl an Stützpunkten im In- und Ausland. Da die Vereinigten Staaten an den Atlantik und den Pazifik grenzen, befinden sich die meisten Basen an der Ost- und Westküste, auf Hawaii sowie in den pazifischen Überseeterritorien. Weitere wichtige Flottenstützpunkte in anderen Ländern, mit denen die USA Verträge zur Truppenstationierung abgeschlossen haben, schließen Yokosuka (Japan), Gaeta (Italien), Manama (Bahrain), Guantánamo Bay (Kuba) und die Insel Diego Garcia im Indischen Ozean ein. Obwohl die Überwasserflotte der U.S. Navy noch aus zahlreichen weiteren Schiffstypen besteht, muss sich das vorliegende Buch aus Platzgründen auf die wichtigsten Neubauklassen seit 1945 beschränken.

Als weiterführende Literatur empfehlen sich die drei Typenkompass-Publikationen »Die Marine der UdSSR«, »Atom-U-Boote: USA, England und Frankreich« sowie »Atom-U-Boote: UdSSR und Russland«, alle ebenfalls erschienen beim Motorbuch-Verlag.

»Midway«-Klasse

(3 gebaute Einheiten)

Im Laufe des Zweiten Weltkrieges sammelte die U.S. Navy wertvolle Erfahrungen bei den Einsätzen mit ihren Trägerkampfgruppen. Diese Kenntnisse flossen in die Entwicklung der neuen »Midway«-Klasse ein. So erhielten die Schiffe zum Beispiel ein gepanzertes Flugdeck. Während des Krieges hatten sich die hölzernen Decks der vorangegangenen »Essex«-Klasse als sehr empfindlich gegen japanische Bombenangriffe und die Attacken von »Kamikaze«-Flugzeugen erwiesen. Die Deckpanzerung hatte eine maximale Stärke von 7,6 Zentimetern. Der stärkste Seitenpanzer war bis zu 20,3 Zentimeter dick. Der Rumpf basierte auf den (nicht mehr fertiggestellten) Schlachtschiffen der »Montana«-Klasse und war in mehr als 1.700 wasserdichte Abteilungen unterteilt. Die »Midway«-Klasse verfügte durch diese Merkmale über eine enorme Widerstandsfähigkeit, die sonst nur Schlachtschiffen vorbehalten war. Bei ihrer Indienststellung im September 1945 war die 295,2 Meter lange und 41,5 Meter breite »USS Midway« das größte Kriegsschiff der Welt.

Indienststellung der »USS Midway« am 10. September 1945, acht Tage nach Ende des Zweiten Weltkrieges. (U.S. Naval Aviation Museum)

Daher war sie das erste Schiff, das nicht mehr durch den Panama-Kanal passte und somit Südamerika umrunden musste.

Obwohl ursprünglich sechs Einheiten geplant waren, erfolgte aufgrund von Budgetkürzungen nur die Kiellegung und Fertigstellung von drei Schiffen (»USS Midway«, »USS Franklin D. Roosevelt« und »USS Coral Sea«). Deren Indienstnahme erfolgte zwischen 1945 und 1947. Da die Trägerflugzeuge, zu denen zunehmend Maschinen mit Strahlantrieb gehörten, in den Folgejahren immer größer und schwerer wurden, eignete sich die »Midway«-Klasse für deren Betrieb besser als die kleineren Vorgänger der »Essex«-Klasse. Gemäß der ursprünglichen Planung sollte jedes Schiff bis zu etwa 130 Flugzeuge mitführen können, in der Praxis waren jedoch nur bis zu hundert an Bord. Bei ihrer Indienststellung besaßen die drei Schiffe jeweils eine Einsatzverdrängung von rund 60.000 tons. Der Antrieb bestand aus vier Dampfturbinen mit insgesamt zwölf Dampfkesseln. Bei einer Gesamtleistung von bis zu 212.000 PS auf vier Schrauben konnten die Schiffe eine Höchstgeschwindigkeit von rund 33 Knoten erreichen. Die maximale Reichweite betrug rund 14.000 Seemeilen (ca. 26.000 Kilometer) bei einer Marschfahrt von dreizehn Knoten. Bei ihrer Indienststellung verfügten die drei Schiffe noch über eine starke Flugabwehrbewaffnung in Form von achtzehn 12,7-cm-Geschützen (»USS Coral Sea«: vierzehn) sowie zahlreichen 40-mm- und 20-mm-Flak. Obwohl sich diese Waffen während des Zweiten Weltkrieges im Pazifik bewährt hatten, verloren sie nach 1945 angesichts der Schnelligkeit von strahlbetriebenen Flugzeugen und Anti-Schiffs-Raketen ihre Wirksamkeit. Nach der schrittweisen Entfernung dieser Bewaffnung erhielten die Schiffe zwei 20-mm-Kanonen vom Typ »Phalanx« für die Nahbereichsverteidigung (»Close-in-Weapons-System«) und Luftabwehrraketen vom Typ »RIM-7 Sea Sparrow«. Zu Beginn ihrer Dienstzeit bestand die Besatzung eines Trägers der »Midway«-Klasse aus rund 4.100 Mann. Nach der Modernisierung stieg diese auf über 4.600 Personen und schloss nun auch Frauen ein. Während rund 2.800 Menschen für den Schiffsbetrieb sorgten, bestand das Personal für die Luftfahrzeuge einschließlich Piloten und Technikern aus etwa 1.800 Personen. Die Einheit der U.S. Marines an Bord bestand aus 72 Mann.

Modernisierungsprogramme
Im Laufe ihrer Dienstzeit erfolgten im Rahmen des »Service Life Extension Program« der U.S. Navy zum Teil aufwändige Modernisierungen. Der erste größere Umbau fand zwischen 1954 und 1957 statt (Programm »SBC-110«). In dessen Rahmen erhielten die »USS Midway« und die »Franklin D. Roosevelt« vergrößerte Flugdecks, leistungsfähigere Aufzüge und Katapulte für den Betrieb von Strahlflugzeugen. Die neuen Flugdecks teilten sich nun in zwei Teile auf: Während der vordere Bereich weiterhin gerade über den Bug hinausragte, verlief der hintere Bereich in einem seitlichen Winkel von acht Grad vom Heck nach vorne und endete ungefähr in der Schiffsmitte auf der Backbordseite. Durch diese Änderung war es möglich, nahezu gleichzeitig Flugzeuge vom vorderen Flugdeck per Katapult zu starten und auf dem hinteren Deck Maschinen landen zu lassen. Das angewinkelte Flugdeck verhinderte auch die Kollision der landenden Flugzeuge mit den Maschinen, die vorne auf ihren Start warteten. Beim Versagen des Bremssells konnte der Pilot somit die Landung abbrechen und zur Seite sicher durchstarten.
Die »USS Coral Sea« erhielt in den Jahren 1957 bis 1960 ebenfalls eine aufwändige Modernisierung. Diese erfolgte jedoch nach einem modifizierten Programm mit der Bezeichnung »SCB-110A«. Neben einigen Änderungen gegenüber dem »SCB-110« erhielt der Träger im Vergleich zu seinen beiden Schwesterschiffen

Die »USS Coral Sea« im Jahre 1949 noch mit ihrem ursprünglichen Flugdeck und zwei Flugzeugkatapulten. (U.S. Naval Aviation Museum)

ein noch größeres Flugdeck sowie ein zusätzliches Katapult. Im Rahmen ihrer Modernisierungen bekamen alle drei Schiffe modifizierte Flugzeugkatapulte, einen modifizierten Kommandoturm (Insel) sowie eine leistungsfähigere Bordelektronik. Durch diese Maßnahmen stieg die Einsatzverdrängung auf mehr als 64.000 tons.
Zwischen 1966 und 1970 durchlief die »USS Midway« einen zweiten aufwändigen Umbau (»SCB-101.66«), der eine weitere Vergrößerung des Flugdecks um etwa ein Drittel zur Folge hatte. Zudem erhielt das Schiff neue Dampfkatapulte, stärkere Aufzüge sowie leistungsfähigere Systeme für den Betrieb modernerer Flugzeuge. Diese Aufwertung bescherte dem Träger zwei weitere Jahrzehnte an aktiver Dienstzeit, erlaub-

Die »USS Midway« nach ihrem ersten Umbau mit erweitertem Flugdeck und drei Startkatapulten 1958. Der geschlossene »Hurrikan-Bug« schützte das überhängende Flugdeck gegen Wellenschlag.

Die »USS Coral Sea« erhielt zwar nur eine Flugdeckerweiterung, diese fiel jedoch größer aus als bei ihren Schwesterschiffen.

te den Start neuerer Luftfahrzeuge und verringerte in vielen Bereichen den Abstand zur nachfolgenden »Forrestal«-Klasse. Da die Umbaukosten für die »USS Midway« mit rund 200 Millionen Dollar mehr als doppelt so hoch waren wie ursprünglich geplant, verzichtete die U.S. Navy beim Schwesterschiff »USS Franklin D. Roosevelt« auf eine ähnlich angelegte Aufwertung in Form eines größeren Flugdecks und führte auf ihr lediglich leichte Modifikationen durch. Die »USS Coral Sea«, welche bereits in den späten

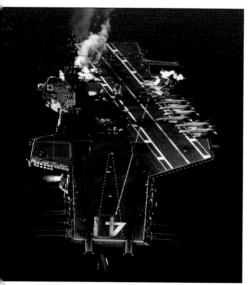

Aus Kostengründen erhielt nur die »USS Midway« 1966-70 eine zweite Flugdeckerweiterung mit der Verringerung auf zwei Katapulte. Das Zusatzgewicht machte das Schiff toplastig.

1950er Jahren ein größeres Flugdeck als ihre beiden Schwesterschiffe erhalten hatte, war vom Programm »SCB-101.66« ganz ausgenommen.

Flugzeugmuster

Durch die Umstellung von propeller- auf strahlbetriebene Flugzeuge und diverser Modernisierungsprogramme sank die Kapazität von ursprünglich rund hundert auf 65 bis 75 Maschinen. 1945/46 waren zumeist F4U »Corsair«-Jagdflugzeuge und SB2C »Helldiver«-Sturzkampfbomber an Bord gewesen, wenig später kamen Jäger vom Typ F8F »Bearcat« hinzu. In den 1950er Jahren erfolgte die Einführung von strahlbetriebenen Flugzeugen. Unter diesen waren F9F »Panther«- und A4D »Skyhawk«-Jagdbomber, Jagdflugzeuge der Typen F3H »Demon« und F8U »Crusader« sowie A3D »Skywarrior«-Bomber. Diese wurden von propellerbetriebenen AD-1 »Skyraider« für die Unterstützung eigener Bodentruppen ergänzt. Ab den frühen 1960er Jahren übernahmen E-2 »Hawkeye«-Frühwarnflugzeuge zum Teil die Aufgaben der »Skyraider«. Ab 1965 löste die F-4 »Phantom II« die älteren Jäger und Jagdbomber ab. Zwei Jahrzehnte später wurde diese schließlich durch die F/A-18 »Hornet« ersetzt. 1970 löste die A-7 »Corsair II« die A4D »Skyhawk«-Jagdbomber ab. Wenig später kam auch die A-6 »Intruder« als Betankungsflugzeug sowie als Bomber zum Einsatz. Da die Jagdflugzeuge F-14 »Tomcat« und die U-Boot-Jäger S-3 »Viking« zu groß für den Start von den Decks der »Midway«-Klasse waren, kamen diese erst auf den nachfolgenden Trägerbaureihen zum Einsatz.

Eine McDonnell F-4B-21-MC »Phantom II« (oben) und eine Vought RF-8A »Crusader« (unten) über der »USS Franklin D. Roosevelt« 1970. (U.S. Naval Aviation Museum)

Einsatzgeschichte

Nachdem die drei Einheiten der »Midway«-Klasse bereits zu spät für den Einsatz im Zweiten Weltkrieg in Dienst gestellt worden waren, kamen sie auch während des 1950 ausgebrochenen Koreakrieges zu keiner Mission. Während sie sich zu jener Zeit häufig in europäischen Gewässern aufhielten, nahmen die älteren Schiffe der »Essex«-Klasse an den Kämpfen um Korea teil. Je nach Quelle sollte die Präsenz dieser mächtigen Schiffe in Europa die militärischen Entscheidungsträger der UdSSR beeindrucken bzw. vor expansionistischen Operationen im östlichen Mittelmeer abschrecken.

Die Trägerpiloten der »Midway«-Klasse starteten zu ihren ersten Missionen in einem Ernstfall während des Vietnamkrieges. Während dieses Konflikts flogen Jagdflugzeuge und Bomber unter anderem Angriffe auf nordkoreanische Ziele, bekämpften feindliche Luftfahrzeuge und retteten abgeschossene eigene Flieger. 1977 erfolgte die Außerdienststellung der »USS Franklin D. Roosevelt«, da diese aufgrund ihrer weniger aufwändig durchgeführten Modernisierung nur eingeschränkt für den Betrieb neuerer Flugzeuge geeignet und zudem im schlechtesten Gesamtzustand aller drei Schiffe war. Während die »USS Coral Sea« 1990 die aktive Flotte verließ, nahm die »USS Midway« noch ab Januar 1991 an der Befreiung Kuwaits von Saddam Husseins Besatzungstruppen im Rahmen der »Operation Desert Storm« teil. Während der Kämpfe flogen ihre Piloten zusammen mit den Flugzeugen neuerer Träger Angriffe auf irakische Ziele. Im Jahr darauf erfolgte jedoch auch ihre Außerdienststellung. Während ihre beiden Schwesterschiffe abgewrackt wurden, gelang es einer Organisation, die »USS Midway« ab 2003 als schwimmendes Museum im kalifornischen San Diego für die Nachwelt zu erhalten. Heute ist der Träger eines der am meisten besuchten Museumsschiffe weltweit.

Landeanflug auf die »USS Midway« im Jahre 1984.

Die »USS Midway« zusammen mit dem Schlachtschiff »USS Iowa« (BB-61) im Jahre 1987. Beide Schiffe sind heute schwimmende Museen.

Schiffsklasse	»Midway«
Name	»USS Midway« (CV-41); »USS Franklin D. Roosevelt« (CV-42); »USS Coral Sea« (CV-43)
Bauwerft	»Midway« / »Coral Sea«: Newport News Shipbuilding; »Franklin D. Roosevelt«: New York Shipbuilding
Aktive Dienstzeit	»Midway«: 10.09.45 - 11.04.92; »F. D. Roosevelt«: 27.10.45 - 30.09.77; »Coral Sea«: 01.10.47 - 26.04.90
Standard-Verdrängung	ca. 45.000 tons
Einsatz-Verdrängung	ca. 60.000 tons (nach Umbau: ca. 64.000 tons)
Länge über alles	295,2 m (»Midway« 1991: 303,8 m)
Breite über alles	ca. 67 m (»Midway« 1991: 75,5 m)
max. Tiefgang	10,9 m
Antrieb	12 Dampfkessel, 4 Dampfturbinen, 212.000 PS
Anzahl der Wellen	4
Geschwindigkeit	33 kn
Reichweite	14.000 sm bei 13 kn
Bewaffnung	bei Indienststellung: 18 x 12,7-cm-Geschütze, 20-mm- und 40-mm-Flak nach Modernisierung: 2 x RIM-7 »Sea Sparrow«, 2 x »Phalanx«
Flugzeuge	bis zu 130 geplant, zunächst 100, nach Umbau bis zu 75
Besatzung	ursprünglich 4.100, später ca. 4.600

»Forrestal«-Klasse

(4 gebaute Einheiten)

Nach der Indienststellung der »Midway«-Klasse folgte bald die Entwicklung eines Nachfolgers. Dieser sollte zunächst ein Träger sein, der fähig war, zwölf Flugzeuge mit Atombomben bestückt an eine feindliche Küste zu transportieren und diese mit einem Jagdschutz von 45 Flugzeugen in Richtung Ziel starten zu lassen. Da um 1950 die damaligen Bomber noch eine recht begrenzte Reichweite hatten und U-Boote noch keine Interkontinentalraketen abschießen konnten, erschien diese Variante eines Atombombenträgers als Ergänzung zu Luftwaffenbombern vielversprechend. Die U.S. Air Force mit ihrer wachsenden Bomberflotte betrachtete die Entwicklung eines solchen Schiffes jedoch als eine Herausforderung ihrer Stellung als alleiniger Betreiber von Atombombern neben der U.S. Army, welche atombestückte Raketen entwickelte. Neben der starken Opposition durch Luftwaffe und Armee betrachteten die Joint Chiefs of Staff die geplante »United-States«-Klasse von vier Trägern lediglich als eine Verdoppelung der bestehenden Luftwaffenkapazitäten. Als darüber hinaus noch Budgetkürzungen das Projekt weiter erschwerten, entschied Verteidigungsminister Louis Johnson im April 1949, den Bau der nur wenige Tage zuvor auf Kiel gelegten »USS United States« (CVA-58) zu stoppen und die gesamte Klasse zu stornieren.

Da die U.S. Navy jedoch einen großen Trägertyp für den Betrieb der immer schwerer werdenden strahlbetriebenen Flugzeuge benötigte, erfolgte unter Einbeziehung des Entwurfs der »United-States«-Klasse ab 1952 der Bau der vier Einheiten der »Forrestal«-Klasse. Diese waren die weltweit ersten Träger, die von Anfang an ein abgewinkeltes Flugdeck erhielten und eine Einsatzverdrängung von nahezu 80.000 tons aufwiesen. Aus diesem Grund galten die rund 325 Meter langen Schiffe als die ersten sogenannten »Supercarrier« (Superträger). Ursprünglich sollte auch die »Forrestal«-Klasse ein gerades bzw. durchgehendes Flugdeck wie die vorangegangenen Klassen erhalten. Noch während des Baus erfolgte eine Änderung der Entwürfe, sodass die Schiffe die vorteilhafteren abgewinkelten Deckform erhielten (siehe »Midway«-Klasse). Aus diesem Grund liefen alle vier Einheiten mit einem modifizierten Deck vom Stapel.

Die nie fertiggestellte »USS United States« (CVA-58) wäre der erste sog. »Supercarrier« der Welt gewesen (künstlerische Darstellung).

Dieses Bild der »USS Forrestal« in ihrer Erprobung von 1955 zeigt das Startdeck vorne und das Landedeck in abgewinkelter Lage.

Die »USS Independence im Bau 1956.

Während die »Midway«-Klasse durch wiederholte Umbauten sehr kopflastig und somit eingeschränkt seetauglich war, wies die neue »Forrestal«-Klasse diesen Mangel nicht auf. Anfänglich verfügte die »Forrestal«-Klasse über acht 12,7-cm-Geschütze für die Bekämpfung

von Luft-, See- und auch Landzielen. Im Laufe der Jahre erfolgte der Ausbau dieser Bewaffnung, da sich Abwehrraketen für den Schutz der wertvollen und empfindlichen Träger besser eigneten. Diese befanden sich auf den Begleitschiffen. Während der 1970er Jahre erhielten alle vier Einheiten jedoch zwei Achtfachstarter für Luftabwehrraketen des Typs »Sea Sparrow«. In den 1980er Jahren folgte eine Ergänzung in Form von drei 20-mm-»Phalanx«-Nahbereichsverteidigungssystemen (»Close-in-Weapons-System«) pro Schiff. Die »Forrestal«-Klasse eignete sich auch für den Start und die Landung von Atombombern vom Typ »A-5 Vigilante«. Als klar wurde, dass trägergestützte Atombomber als Erst- und Zweitschlagwaffe aufgrund der verstärkten sowjetischen Luftabwehr unzureichend waren, setzte die U.S. Navy auf U-Boote mit atomaren Interkontinentalraketen. Diese waren zudem schwerer zu orten und zu bekämpfen als Trägerkampfgruppen. Die Änderung des Einsatzprofils führte 1972 zur Umklassifizierung vom Angriffsträger (CVA) zum Mehrzweckträger (CV) mit der Fähigkeit zur U-Jagd.

Flugzeugmuster

Aufgrund ihrer Größe und leistungsfähiger

Diese Aufnahme zeigt die unterschiedliche Deckform und Anordnung der Aufzüge der »USS Independence« (oben) im Vergleich zur »USS Midway« (Pearl Harbor 1991).

Die »Forrestal«-Klasse erhielt von Anfang an den »Hurrikan-Bug«. Das Bild zeigt die »USS Ranger« im Jahre 1985. Die vier Dampfturbinen erzeugten 280.000 PS und ermöglichten 34 Knoten.

Dampfkatapulte konnte die »Forrestal«-Klasse alle vorhandenen Typen von Trägerflugzeugen starten und auf ihr landen lassen. Je nach Zusammensetzung konnte jedes Schiff bis zu etwa 76 Maschinen mitführen. Das unter dem Flugdeck befindliche Hangardeck nahm den Großteil des Trägergeschwaders (»Carrier Air Wing«) witterungssicher auf. Auf dem gepanzerten Flugdeck waren zur Sicherung der dort abgestellten Luft- und Schleppfahrzeuge zahlreiche Befestigungsösen vorhanden. Der »Carrier Air Wing« bestand zunächst aus F9F »Panther«-Jagdbombern, die später durch F-8 »Crusader« ersetzt wurden, sowie aus AD-1 »Skyraider«, deren Platz später die A4D »Skyhawk« einnahmen. Ab den 1960er Jahren kam die F-4 »Phantom II« als Jäger hinzu. Ab da war auch die A-5 »Vigilante« als möglicher Atombomber sowie als Aufklärer auf der »Forrestal«-Klasse stationiert. Die E-1 »Tracer« (und später die E-2 »Hawkeye«) diente als Frühwarn- bzw. als Radarflugzeug. In den späten 1960er Jahren waren A-6 »Intruder« und A-7 »Corsair II« für Angriffe gegen Bodenziele auf den Trägern stationiert. 1972 erhielten die Träger im Rahmen ihrer Umklassifizierung für die Jagd auf U-Boote ihre ersten Jagdflugzeuge vom Typ S-3 »Viking« und Hubschrauber vom Typ SH-3 »Sea King«. Nach einer Modernisierung zu Beginn der 1980er Jahre (»Service Life Extension Program«) ersetzte die F-14 »Tomcat« die älteren F-4 »Phantom II« als Jäger. Für die elektronische Kriegsführung diente nun die EA-6 »Prowler«. Ab 1987 kam schließlich noch das Mehrzweckkampfflugzeug F/A-18 »Hornet« hinzu.

Einsatzgeschichte

Die vier Einheiten der »Forrestal«-Klasse waren als offensive Angriffsträger (CVA) ausgelegt. Zu diesem Konzept gehörte auch die Mitführung von Bombern zum Einsatz von Atomwaffen. Während die »USS Forrestal«, die »USS Saratoga« und die »USS Independence« vornehmlich im Atlantik stationiert waren, operierte die »USS Ranger« hauptsächlich im Pazifik. Während der 1960er und frühen 1970er Jahre kamen alle vier Träger im Südchinesischen Meer vor der Küste Vietnams zum Einsatz. Von hier unterstützten ihre Flugzeuge die amerikanischen und südvietnamesischen Streitkräfte im Kampf gegen nordvietnamesische Truppen.

Während des Vietnamkrieges setzte am 29. Juli 1967 eine fehlgezündete Rakete an Bord der »USS Forrestal« ein Flugzeug in Brand. Dies führte zu einer Explosion und starken Bränden auf dem Flug- und Hangardeck. Die Löschung

Das brennende Flugdeck der »USS Forrestal« am 29. Juli 1967.

Die »USS Forrestal« mit ihrer Kampfgruppe 1989. Da der Träger 33 Knoten erreichen konnte, mussten die begleitenden Kreuzer, Zerstörer und Fregatten ebenso schnell sein.

des Feuers dauerte mehrere Stunden. Mehr als 130 Besatzungsmitglieder kamen bei diesem Unfall ums Leben.

Ab den 1980er Jahren kamen die Schiffe erneut bei Krisen und Konflikten im Nahen Osten zum Einsatz, so auch 1991 bei der Befreiung Kuwaits von der irakischen Besetzung im Rahmen der »Operation Desert Storm«. Zwischen 1993 und 1998 erfolgte die Außerdienststel-lung aller vier Träger. Obwohl es Bemühungen von verschiedenen Organisationen gab, beispielsweise die »USS Ranger« oder die »USS Saratoga« als schwimmende Museen für die Nachwelt zu erhalten, scheiterten diese Vorhaben vor allem an finanziellen Hürden. Nach der Streichung aus dem Flottenregister findet gegenwärtig die Abwrackung der gesamten Klasse statt.

Schiffsklasse	»Forrestal«
Name	»USS Forrestal« (CV-59); »USS Saratoga« (CV-60); »USS Ranger« (CV-61); »USS Independence« (CV-62)
Bauwerft	»Forrestal« / »Ranger«: Newport News Shipbuilding; »Saratoga / Independence«: New York Shipbuilding
Aktive Dienstzeit	»Forrestal«: 01.10.55 - 11.09.93; »Saratoga«: 14.04.56 - 20.08.94; »Ranger«: 10.08.57 - 10.07.93; »Independence«: 10.01.59 - 30.09.98
Standard-Verdrängung	ca. 60.000 tons
Einsatz-Verdrängung	ca. 80.000 tons
Länge über alles	ca. 325,2 m
Breite über alles	ca. 76,8 m
max. Tiefgang	11,3 m
Antrieb	8 Dampfkessel, 4 Dampfturbinen, 280.000 PS (»Forrestal«: 260.000 PS)
Anzahl der Wellen	4
Geschwindigkeit	ca. 34 kn (je nach Quelle bis zu 36 kn) (»Forrestal«: 33 kn)
Reichweite	14.800 sm bei 20 kn
Bewaffnung	bei Indienststellung: 8 x 12,7-cm-Geschütze nach Modernisierung: 2 x RIM-7 »Sea Sparrow«, 3 x »Phalanx«
Flugzeuge	bis zu 76
Besatzung	ca. 5.500

»Kitty Hawk«-Klasse

(4 gebaute Einheiten)

Im Jahre 1956 begann der Bau der vier Einheiten der »Kitty Hawk«-Klasse. Diese Schiffe basierten weitgehend auf den für die »Forrestal«-Klasse entwickelten Plänen. Ein gravierender Unterschied zwischen beiden Baureihen bestand vor allem in der geänderten Größe und Anordnung der Aufzüge, welche die Trägerflugzeuge und Hubschrauber zwischen dem Hangardeck und dem darüber liegenden Flugdeck hin und her bewegten. Die Aufzüge der »Kitty Hawk«-Klasse waren besser konstruiert und praktischer angeordnet. Ein weiterer augenscheinlicher Unterschied zum Vorgänger war die Versetzung der sogenannten »Insel« (Deckshaus) von der Mitte auf der Steuerbordseite etwas weiter nach achtern, wo sich vorher der mittlere der drei Steuerbordaufzüge befunden hatte. Bei der Vorgängerklasse hatte sich gezeigt, dass der Backbord-Aufzug, der sich vorne am angewinkelten Landedeck befand,

beim Flugbetrieb unbrauchbar war. Hätte er Flugzeuge nach oben befördert, wären die landenden Maschinen mit diesen zusammengestoßen. Daher erfolgte seine Versetzung nach achtern links neben das angewinkelte Landedeck. Somit verfügten die Schiffe jeweils über drei Aufzüge auf der Steuerbord- und über einen auf der Backbordseite.

Der Antrieb bestand aus vier Turbinen, die ihren Druck von acht Dampfkesseln erhalten. Bei einer Gesamtleistung von rund 280.000 PS konnten die Träger (je nach Quelle) bis zu 35 Knoten erreichen. Bei einer Marschfahrt von etwa zwanzig Knoten betrug die Reichweite je nach Quelle) rund 9.000 Seemeilen (ca. 16.700 Kilometer).

Die beiden letzten Schiffe der Klasse, die »USS America« und die »USS John F. Kennedy«, sollten ursprünglich einen Atomantrieb wie die etwa zeitgleich gebaute »USS Enterprise« (CVN-65) erhalten, jedoch lehnte der amerikanische Kongress die Bewilligung des dafür erforderlichen

Das Typschiff »USS Kitty Hawk« war viele Jahre in Japan stationiert. Es gab vier Startkatapulte.

*Die »USS John F. Kennedy« bei der Treibstoffüber-
nahme durch einen Tanker. Die Reichweite
betrug rund 16.700 Kilometer bei zwanzig Knoten.*

*Die »USS America« bei einer Vorführung von
sechzehn Flugzeugen ihres »Air Wings« 1983.*

Budgets aufgrund der zu stark gestiegenen Kosten für den neuen Antrieb ab.

Während die ersten beiden Einheiten, die »USS Kitty Hawk« und die »USS Constellation«, nahezu baugleich waren, erhielt das dritte Schiff, die »USS America«, unter anderem eine veränderte Anordnung der Ankerbefestigungen. Während die anderen Einheiten zwei Bug- und einen Heckanker verfügten, besaß sie nur einen Anker am Bug sowie zwei am Heck, um vorne bei Bedarf ein geplantes Sonar aufnehmen zu können.

Die »USS John F. Kennedy«, der letzte Träger der Baureihe, hingegen unterschied sich von den drei Schwesterschiffen in so vielen Details, dass sie auch als »modifizierte Kitty Hawk« eine eigene Unterklasse (als Einzelschiff) bildete. Zu den Unterschieden zählen ein nach außen gerichteter Schornstein, um die Rauchgase besser vom Deck fernzuhalten sowie eine leicht modifizierte Flugdeckform, welche die Basis für die nachfolgende »Nimitz«-Klasse bildete.

Die ersten drei Einheiten der »Kitty Hawk«-Klasse erhielten zur Luftabwehr zwei Doppelstarter

vom Typ RIM-2 »Terrier«. Im Rahmen von Modernisierungen erfolgte jedoch deren Austausch durch die RIM-7 »Sea Sparrow«. Die »John F. Kennedy« verfügte als einziges Schiff bereits bei ihrer Indienststellung 1968 über die RIM-7. Jede Einheit der Klasse erhielt in den 1980er Jahren drei 20-mm-»Phalanx« für die Luftnahverteidigung. Aufgrund ihrer defensiven Bewaffnung wurden die Träger durch ihre »Carrier Battle Groups« in Form von Kreuzern, Zerstörern, Fregatten und U-Booten vor Luft-, Über- und Unterwasserangriffen geschützt.

Auf jedem Träger der »Kitty Hawk«-Klasse waren rund 3.200 Besatzungsmitglieder für den Schiffsbetrieb sowie knapp 2.500 Personen für die Wartung und den Einsatz der Flugzeuge zuständig. Da Flugzeugträger die Kriegsschiffe mit der größten Besatzung sind, trägt dieser Faktor (neben der Bewaffnung in Form von bis 85 Flugzeugen) wesentlich zu ihrem unerreicht teuren Unterhalt bei.

Modernisierungsprogramme

Zur Verlängerung ihrer aktiven Dienstzeit erfolgte bei der »USS Kitty Hawk« und »USS Constellation« während der 1980er Jahre eine umfassende Modernisierung im Rahmen des »Service Life Extension Program« (SLEP). Je nach Quelle hat diese Maßnahme alleine bei der »USS Kitty Hawk« rund 700 Millionen Dollar gekostet. Dieses Programm sollte auch bei der »USS America« zur Anwendung kommen, letztendlich verzichtete die U.S. Navy bei ihr jedoch auf diese kostenintensive Modernisierung. Im Jahre 2001 erhielt die »USS Kitty Hawk« das leistungsfähigere Nahbereichsverteidigungssystem RIM-116 RAM (»Rolling Air Frame Missile«) anstelle des »Phalanx«-Waffensystems.

Flugzeugmuster

Die Träger der »Kitty Hawk«-Klasse konnten je nach Zusammenstellung und Anforderungsprofil bis zu 85 oder 90 verschiedene Luftfahrzeuge mitführen und zum Einsatz bringen. Das Bordgeschwader (»Carrier Air Wing«) ähnelte dem der vorangegangenen »Forrestal«-Klasse und wurde im Laufe der Zeit mehrmals durch modernere Flugzeugtypen ergänzt bzw. ersetzt. Zu diesen zählten die Kampfflugzeuge F-14 »Tomcat« bis zu ihrer Ausmusterung 2006 und die F/A-18 »Hornet«, U-Jäger vom Typ S-3 »Viking«, E-2 Radarflugzeuge sowie Maschinen zur elektronischen Kriegsführung vom Typ EA-6B »Prowler«. Hubschrauber vom Typ »Seahawk« dienten für die U-Boot-Jagd sowie für Rettungs- und Transportaufgaben. Während der 1960er Jahre testete die CIA, ob man das Aufklärungsflugzeug vom Typ Lockheed »U-2« auch von der »Kitty Hawk«-Klasse aus starten lassen konnte, falls es keine Startmöglichkeiten an Land gab, die sich nahe genug an möglichen Zielgebieten befanden. Während der Start ohne Katapultunterstützung gelang, war eine Landung an Bord nicht möglich. Die Idee erfuhr keine Umsetzung, da die Träger zu lange für die Fahrt zum Einsatzgebiet benötigt hätten.

Einsatzgeschichte

Während ihrer aktiven Dienstzeit war stets ein Träger der »Kitty Hawk«-Klasse im japanischen Yokosuka bei Tokio stationiert. Bis zur Außerdienststellung des letzten Schiffes dieser konventionell angetriebenen Baureihe (»USS Kitty Hawk« im Jahre 2008) wollte die U.S. Navy es vermeiden, einen nuklear betriebenen Träger in

Eine 20-mm-»Phalanx« zur Nahverteidigung gegen Flugzeuge und Raketen während einer Übung.

Blick in den riesigen Hangar der »USS Kitty Hawk« während einer Schadensbekämpfungsübung.

17 ■

Ein Aufklärer vom Typ »Lockheed U-2« auf der »USS America«

Eine F-14 nach dem Start von der »USS America«. Der Luftüberlegenheitsjäger diente in verschiedenen Rollen in der U.S. Navy zwischen 1974 und 2006. Danach übernahm die F/A-18 »Super Hornet« ihre Aufgabe.

Japan zu stationieren. Diese Entscheidung hatte einen historischen Grund: Da die USA im August 1945 zwei Atombomben über Japan abgeworfen hatten und somit der Zweite Weltkrieg beendet worden war, wollte die amerikanische Regierung in der Nachkriegszeit den Verbündeten Japan nicht durch die dauerhafte Präsenz eines nuklear angetriebenen Trägers unnötig an die verheerenden Atombombenwürfe erinnern. Nach der Außerdienststellung der »USS Kitty Hawk« als letztem konventionell betriebenen Träger blieb der U.S. Navy jedoch keine andere Wahl, als mit der »USS George Washington« einen Atomträger der »Nimitz«-Klasse nach Japan zu verlegen. Obwohl die japanische Regierung dies zunächst kritisch betrachtete, stimmte sie schließlich der Stationierung der »USS George Washington« zu, da es zu ihr in Ermangelung nicht-nuklearer Träger keine Alternative gab.

Einheiten der Klasse nahmen am Vietnamkrieg sowie an den Kriegen gegen den Irak und Afghanistan teil. Bei diesen Einsätzen nahmen ihre Flugzeuge Bodenziele ins Visier oder bekämpften feindliche Luftstreitkräfte.

Die »USS America« wies im Vergleich zu ihren Schwesterschiffen mit dreißig aktiven Jahren die kürzeste Dienstzeit in ihrer Klasse auf. Dies lässt sich vor allem durch die eingeschränkte Leistungsfähigkeit aufgrund der nicht durchgeführten Modernisierung, den eher schlechten Allgemeinzustand des Schiffes sowie die Budgetkürzungen bei den Streitkräften nach dem Ende des Kalten Krieges erklären. Nach ihrer Außerdienststellung 1996 wurde sie neun Jahre später als Zielschiff mit verschiedenen Waffensystemen beschossen und schließlich vor der amerikanischen Ostküste versenkt. Diese Tests sollten Aufschluss über die Verwundbarkeit von großen Flugzeugträgern geben und die daraus gewonnenen Erkenntnisse in die Entwicklung der neuen »Gerald R. Ford«-Klasse einfließen. Die »USS America« ist das größte jemals versenkte Kriegsschiff. Die »USS Constellation« und die »USS John F. Kennedy« blieben etwa vier Jahrzehnte in Dienst, das Typschiff »USS Kitty Hawk« brachte es auf 47 aktive Jahre. Während die »USS Constellation« verschrottet werden soll, bemühen sich engagierte Kreise um den Erhalt ihrer zwei Schwestern als Museumsschiffe. Die »USS Kitty Hawk« soll neben dem zum Museum umgewandelten Schlachtschiff »USS North Carolina« in Wilmington (North Carolina) für die Nachwelt erhalten werden und die »USS John F. Kennedy« einen Liegeplatz in Florida erhalten.

Schiffsklasse	»Kitty Hawk«
Name	»USS Kitty Hawk« (CV-63); »USS Constellation« (CV-64); »USS America« (CV-66); »USS John F. Kennedy« (CV-67)
Bauwerft	»Kitty Hawk«: New York Shipbuilding; »Constellation«: New York Naval Shipyard; »America« / »J. F. Kennedy«: Newport News Shipbuilding
Aktive Dienstzeit	»Kitty Hawk«: 29.04.61 - 12.05.09; »Constellation«: 27.10.61 - 07.08.03; »America«: 23.01.65 - 09.08.96; »John. F. Kennedy«: 07.09.68 - 23.03.07
Standard-Verdrängung	ca. 61.000 tons
Einsatz-Verdrängung	ca. 81.500 tons
Länge über alles	ca. 326 m
Breite über alles	ca. 76,8 m
max. Tiefgang	ca. 11 m
Antrieb	8 Dampfkessel, 4 Dampfturbinen, 280.000 PS
Anzahl der Wellen	4
Geschwindigkeit	bis zu 35 kn (je nach Quelle)
Reichweite	9.000 sm bei 20 kn
Bewaffnung	bei Indienststellung: 2 x RIM-2 »Terrier« (»John F. Kennedy« von Beginn an RIM-7) / nach Modernisierung: 2 x RIM-7 »Sea Sparrow«; 3 x »Phalanx«
Flugzeuge	bis zu 85
Besatzung	ca. 5.700

Eine F-14 »Tomcat« bewacht einen neugierigen sowjetischen Aufklärer (Iljuschin Il-112) beim Ausspähen der »USS Constellation« 1979 im Pazifik. Im Kalten Krieg waren solche Begegnungen zur Ausspähung der Gegenseite nicht selten.

»USS Enterprise«

(Einzelschiff)

Da sich der Nuklearantrieb bereits bei den U-Booten der U.S. Navy bewährt hatte, erfolgte in den 1950er Jahren die Entwicklung eines solchen Antriebssystems für Flugzeugträger. Da diese großen Schiffe global zum Einsatz kommen sollten und aufgrund ihres enormen Treibstoffverbrauchs entweder auf Tankschiffe oder Nachschubdepots an Land angewiesen waren, stellte die Kernenergie eine willkommene Alternative zu den bisherigen Antrieben dar. Bisher hatten die Dampfturbinen zum Antrieb der Schiffsschrauben ihren Druck durch Dampfkessel erhalten. Das Wasser in diesen Kesseln wurde durch die Verbrennung von Öl erhitzt, sodass der Dampf aus den Kesseln über Rohre in die Turbinen gelangen konnte, damit diese rotieren und so über eine Welle die Schrauben bewegten. Der Vorrat an Brennöl war ausschlaggebend für den Aktionsradius. Die Verwendung einer nuklearen Kraftanlage in Form eines Reaktors stellte dagegen eine vergleichsweise langlebige Energiequelle dar, deren Brennelemente erst nach Jahren erneuert werden mussten. Der Reaktor lieferte über Wärmetauscher (Wärmeüberträger) den erforderlichen Dampf für den Betrieb der Turbinen. Das für diesen Vorgang erforderliche Süßwasser lieferten die bordeigenen Entsalzungsanlagen aus Meerwasser.

Die 1961 in Dienst gestellte »USS Enterprise« verfügte als weltweit erster Flugzeugträger mit Kernenergie über insgesamt acht »A2W«-Druckwasserreaktoren der Westinghouse Electric Corporation für den Betrieb der vier Getriebeturbinen über 32 Wärmetauscher. Bei einer Gesamtleistung von 280.000 PS betrug die Höchstgeschwindigkeit (je nach Quelle) rund 36 Knoten. Zunächst war eine Reaktorauffüllung nach etwa 200.000 Seemeilen bzw. vier Jahren im Rahmen einer mehrmonatigen und kostspieligen Werftliegezeit notwendig. Nach diversen Modifikationen in den 1980er Jahren verlängerte sich die Reaktorlaufzeit auf 800.000 Seemeilen bzw. dreizehn Jahre. Ursprünglich sollten fünf weitere Träger nach dem Entwurf der »USS Enterprise« entstehen. Die Baukosten von damals rund 450 Millionen Dollar pro Einheit waren jedoch nicht durchsetzbar, daher erhielten die beiden nächsten Träger (»USS America« / CV-66 und »USS John F. Kennedy« / CV-67) wieder einen konventionellen Antrieb. Erst die darauf folgende »Nimitz«-Klasse (ab CVN-68) verfügte wieder über einen Nuklearantrieb, der aber nur aus zwei Reaktoren bestand und somit wirtschaftlicher und einfacher zu warten war. Der Name »Enterprise« geht auf den berühmten Träger »USS Enterprise« (CV-6) aus dem Zweiten Weltkrieg zurück. Obwohl es ein großes Engagement gab, den Namensvorgänger als

Bis 1982 erhielt der Träger eine veränderte Insel mit neuen Radarsystemen: das 3D-Luftraumsuchradar »SPS-48« rechts und das 2D-Luftraumsuchradar »SPS-49« links.

Bei ihrer Indienststellung 1961 war die »USS Enterprise« der erste Atomträger und zudem das weltweit größte Kriegsschiff mit nahezu unbegrenzter Reichweite. Das »N« in der Bezeichnung »CVN-65« steht für »nuclear«. Das Bild rechts oben zeigt die charakteristische Insel von 1967. Der runde Aufsatz (»Bienenkorb«) mit den balkenartigen Antennen diente zur Elektronischen Kampfführung. Die festinstallierten vertikalen Flächenantennen des »SPS-32/33«-Radars unter den Fenstern ermöglichten eine 360-Grad-Aufklärung.

Museumsschiff für die Nachwelt zu erhalten, scheiterte dieses Vorhaben vor allem an finanziellen Hürden. Der Name des neuen Trägers inspirierte den Autoren und Produzenten Gene Roddenberry, das Raumschiff in seiner später weltbekannt gewordenen Weltraumsaga »Star Trek« ebenfalls »USS Enterprise« zu nennen. Da die Kernreaktoren Treibstofftanks überflüssig

machten, konnte die »USS Enterprise« mehr Treibstoff für ihre Flugzeuge und darüber hinaus auch Öl für den Antrieb der anderen Schiffe in ihrer Kampfgruppe bunkern. Je nach Quelle bestand die Kapazität für den Flugzeugtreibstoff aus etwa 8.000 Tonnen.

Das rund 340 Meter lange Flugdeck und seine Anlagen basierten weitgehend auf dem »Kitty

Hawk«-Entwurf. Bei einer Gesamtfläche von ca. 18.000 Quadratmetern war dieses jedoch knapp 4.000 Quadratmeter größer. Für den Flugzeugstart standen vier Dampfkatapulte zur Verfügung, welche die Flugzeuge auf eine Startgeschwindigkeit von rund 250 km/h beschleunigen konnten. Zum Abbremsen der Maschinen bei ihrer Landung waren insgesamt vier Fangseilanlagen vorhanden.

Modernisierungen

Zwischen 1990 und 1994 erhielt der Träger eine aufwendige Modernisierung mit der Bezeichnung »Regular Complete Overhaul« (RCOH), in deren Rahmen die Installation einer leistungsfähigeren Elektronik sowie modernerer Radarsysteme erfolgte. Aus diesem Grund stand die »USS Enterprise« auch nicht für die »Operation Desert Storm« 1991 (Befreiung Kuwaits) zur Verfügung. 1995 erhielt das Schiff seine vierte Reaktorauffüllung.

Flugzeugmuster

Aufgrund ihres Größenzuwachses gegenüber der Vorgängerklasse konnte die »USS Enterprise« bis zu 110 Flugzeuge an Bord nehmen. Im Regelfall bestand das Bordgeschwader jedoch aus bis zu neunzig Maschinen. Nach seiner Indienststellung erhielt der Träger F-8 »Crusader« und F-4 »Phantom II« als Jagdflugzeuge. Als Angriffsflugzeuge gegen Bodenziele dienten A-4 »Skyhawk«, A-1 »Skyraider« und A-5 »Vigilante«. Im Laufe der Jahre wurden die älteren Flugzeugmuster durch modernere Versionen ersetzt. So nahm ab Anfang der 1970er Jahre die A-7 »Corsair II« den Platz der A-4 »Skyhawk« und die F-14 »Tomcat« den der F-4 »Phantom« ein. Um ab 1975 auch zur U-Boot-Bekämpfung zum Einsatz kommen zu können, erhielt das Schiff S-3 U-Jagdflugzeuge und SH-3 »Sea-King«-Hubschrauber. Ab 1978 übernahm die EA-6B »Prowler« die elektronische Kriegsführung. Ab Mitte der 1980er Jahre ersetzte die F/A-18 »Hornet« zunächst die »Corsair II« und ab 2005 schließlich auch die F-14 »Tomcat«.

Bewaffnung

Nachdem die »USS Enterprise« die geplanten zwei Doppelarmstarter für die RIM-2 »Terrier«

Schiffsklasse	»Enterprise« (Einzelschiff)
Name	»USS Enterprise« (CVN-65)
Bauwerft	Newport News Shipbuilding
Aktive Dienstzeit	25.11.61 - 01.12.12
Standard-Verdrängung	ca. 75.000 tons
Einsatz-Verdrängung	ca. 92.300 tons
Länge über alles	ca. 342 m
Breite über alles	ca. 78,3 m
max. Tiefgang	ca. 10,8 m
Antrieb	8 Druckwasserreaktoren, 4 Turbinen, 280.000 PS
Anzahl der Wellen	4
Geschwindigkeit	bis zu 36 kn (je nach Quelle)
Reichweite	nahezu unbegrenzt
Bewaffnung	3 x RIM-7 »Sea Sparrow«, 3 x »Phalanx«, 2 x RIM-116 »RAM«
Flugzeuge	bis zu 85
Besatzung	ca. 5.800

Die »USS Enterprise« (CVN-65), »USS Long Beach« (CGN-9) und »USS Bainbridge« (CGN-25) als »Nuclear Task Force One« im Mittelmeer 1964.

Die brennende »USS Enterprise« nach der Raketenexplosion am 14. Januar 1969 vor Hawaii. 25 Mann starben, 370 wurden verletzt. Fünfzehn Flugzeuge wurden zerstört, siebzehn beschädigt.

aus Kostengründen nicht erhalten hatte, erfolgte ab 1967 zur Luftabwehr schließlich der Einbau von drei »Sea-Sparrow«-Startern. In den frühen 1980er Jahren erhielt das Schiff noch drei 20-mm-Kanonen vom Typ »Phalanx« und später zwei Starter für die RIM-116 »RAM« (»Rolling Airframe Missile«).

Einsatzgeschichte

Im Oktober 1962 nahm die »USS Enterprise« zusammen mit dem Träger »USS Independence« und weiteren Seestreitkräften an der Seeblockade Kubas teil. Dies geschah, nachdem die Entdeckung von sowjetischen Raketenbasen auf der Insel das amerikanische Militär in erhöhte Einsatzbereitschaft versetzt hatte und die Lieferung weiterer Raketen nach Kuba verhindert werden sollte. Da die Kuba-Krise nach amerikanisch-sowjetischen Verhandlungen ein friedliches Ende fand, kam es zu keinem bewaffneten Einsatz der »USS Enterprise« oder der anderen Schiffe. Von Juli bis Oktober 1964 absolvierte die »USS Enterprise« zusammen mit den Kreuzern »USS Long Beach« und »USS Bainbridge« (beide ebenfalls nuklear betrieben) eine Weltumrundung als »Nuclear Task Force One«. Während dieser Fahrt liefen die Schiffe mehrere Häfen an, mussten jedoch nicht aufgetankt werden. Diese Operation sollte die Vorteile des Kernenergieantriebs aufzeigen.

Am 14. Januar 1969 ereignete sich vor der Küste Hawaiis eine Tragödie an Bord des Trägers. Nachdem die heißen Abgase eines startenden Flugzeugs eine Rakete zu stark erhitzt hatten, explodierte diese und setzte zudem den Treibstoff dieses Flugzeugs in Brand. Durch den auslaufenden Treibstoff weitete sich das Feuer auf den hinteren Teil des Flugdecks aus. Als die dort abgestellten Flugzeuge ebenfalls in Brand gerieten, führte dies zu Explosionen der Bombenladungen. Diese rissen mehrere Löcher in das Deck, sodass sich das Feuer auf das Hangardeck ausbreitete. Obwohl die Brände in weniger als einer Stunde unter Kontrolle

Bestückung der Flugzeuge mit Bomben im Hangar 1964.

Heckansicht der »USS Enterprise« bei ihrem letzten Einsatz 2012 in der Straße von Gibraltar.

gebracht werden konnten, kamen 25 Besatzungsmitglieder ums Leben. Die Reparatur des Schiffes in der Marinewerft von Pearl Harbor nahm mehrere Wochen in Anspruch.

Zwischen 1966 und 1975 kam die »USS Enterprise« wiederholt vor der Küste Vietnams zum Einsatz, von wo ihre Bordflugzeuge primär Luftangriffe gegen Ziele in Nordvietnam flogen. Nachdem »F-14-Tomcat«-Jäger auf dem Träger stationiert worden waren, kamen diese zu ihrem ersten Einsatz, als sie im April 1975 während der Endphase des Krieges bei der amerikanischen Evakuierung der südvietnamesischen Hauptstadt Saigon den Luftraum für die Transporthubschrauber sicherten. 1996 operierte der Träger im Mittelmeer, um die Flugverbotszone im Luftraum über Bosnien-Herzegowina nach Ende des Bosnienkrieges (1992-95) zu überwachen.

Ab Oktober 2001 nahm die »USS Enterprise« im Rahmen des Kampfes gegen den Terror am Krieg gegen die Taliban in Afghanistan teil. Nach einer rund anderthalbjährigen Überholung in Norfolk (Virginia) kam der Träger ab 2003 während des Irakkrieges (»Operation Iraqi Freedom«) sowie bei der internationalen Terrorismusbekämpfung zu Einsätzen. Zwischen April 2008 und Dezember 2009 folgte eine erneute Überholung in Newport News (Virginia). Nach einigen weiteren Einsätzen, zu denen auch die Bekämpfung der Piraterie vor der Küste Somalias zählte, erfolgte im Dezember 2012 die Außerdienststellung der »Big E«. Während der Träger schrittweise abgewrackt und sein Reaktor entsorgt bzw. eingelagert werden soll, gibt es Pläne, zumindest die Insel als Museumsexponat oder Denkmal zu erhalten.

»Nimitz«-Klasse

(10 gebaute Einheiten)

Im Jahre 1967 erfolgte auf Basis der letzten Einheit der »Kitty Hawk«-Klasse, der »USS John F. Kennedy«, die Entwicklung der neuen »Nimitz«-Klasse. Diese sollte (wie ursprünglich bei der »Kennedy« geplant) einen nuklearen Antrieb erhalten. Während die neuen Schiffe äußerlich der »USS John F. Kennedy« sehr ähnelten, zeichneten sie sich durch mehr Geräumigkeit im Rumpf aus, da die bisherigen Ölbunker wegfielen und zudem die Kraftanlage von ursprünglich acht Reaktoren wie bei der »USS Enterprise« auf platzsparende zwei Reaktoren reduziert werden konnte. Da sich die Baukosten der ersten beiden Schiffe (»USS Nimitz« ab 1968 und »Dwight D. Eisenhower« ab 1970) stetig erhöhten und schließlich die Zwei-Milliarden-Dollar-Marke pro Einheit überstiegen, lehnte die Regierung unter Jimmy Carter die Anschaffung weiterer Träger dieser Klasse ab. Stattdessen sollte ein halb so großer Entwurf mit konventionellem Antrieb unter der Bezeich-nung »CVV« als Alternative gebaut werden. Da die U.S. Navy und der Kongress diesen Plan allerdings nicht befürworteten, bewilligte Letzterer im Jahre 1980 gegen den Willen Carters den Bau einer vierten Einheit der »Nimitz«-Klasse. Als im Folgejahr Ronald Reagan neuer Präsident wurde, setzte er sich für eine Vergrößerung der Flotte auf 600 Einheiten sowie den Bau weiterer Träger als Antwort zur sowjetische Aufrüstung zur See ein. Bis 2001 erfolgte die Bewilligung von insgesamt zehn Schiffen der Klasse. Deren Indienststellung fand zwischen 1975 und 2009 statt. Die zehnte und letzte Einheit, die »USS George H.W. Bush«, kostete mehr als sechs Milliarden Dollar.

Konstruktionsmerkmale

Die Fertigstellung der Träger erfolgte in Modulbauweise. Die Module sind bereits mit Rohrleitungen und vielen anderen Elementen ausgestattet, sodass sie nur noch zusammengeschweißt werden müssen und der zeitaufwändige Einbau dieser Elemente in den

Das Typschiff »USS Nimitz« (CVN-68). Ihr rund 333 Meter langes Flugdeck hat eine Maximalbreite von 76 Metern und eine Gesamtfläche von etwa 18.000 Quadratmetern.

Frontansicht der »USS George Washington« (CVN-73). Bei einer 50-jährigen Dienstzeit kostet jeder Träger (je nach Quelle und Dollar-Wert) inkl. Modernisierungen, Wartung und Personalkosten rund 450 Millionen US-Dollar pro Jahr.

steht unter der ständigen Bewachung durch eine Einheit der U.S. Marines. Die vier Dampfturbinen erzielen eine Gesamtleistung von rund 280.000 PS und ermöglichen den Schiffen eine Höchstgeschwindigkeit jenseits der 30-Knoten-Marke (die genaue Geschwindigkeit ist geheim). Der 208 Meter lange Hangar ist 33 Meter breit und drei Decks (7,6 Meter) hoch. Er kann durch Schiebetüren in drei Räume unterteilt werden, um unter anderem mögliche Brände einzudämmen. Da der Hangar »nur« bis zu etwa 60 Flugzeuge aufnehmen kann, werden die zusätzlichen 25 Flugzeuge bei Einsatzfahrten oft an Deck geparkt. Flugdeck und Hangar sind über vier Aufzüge miteinander verbunden.

fertigen Rumpf entfällt. Der Bau aller zehn Einheiten der »Nimitz«-Klasse erfolgte im 670 Meter langen Trockendock 12 der Werft Newport News Shipbuilding in Virginia. Nach der Fertigstellung des Rumpfes wird das Trockendock geflutet, wodurch dieser aufschwimmt. Da das Dock in zwei Bereiche teilbar ist, kann im vorderen Teil der Bau eines weiteren Schiffes erfolgen. Jedes Schiff der »Nimitz«-Klasse verfügt über eine Kraftanlage in Form von zwei »A4W«-Druckwasserreaktoren von Westinghouse mit jeweils rund 100 Megawatt. Dieser Bereich

Sowjetische Reaktion

Da die Sowjetische Marine über keine vergleichbaren Flugzeugträger mit Nuklearantrieb verfügte, sah sie sich durch die Existenz der »USS Enterprise« und den Bau der »Nimitz«-Klasse veranlasst, ab 1973 selbst solche Schiffe (»Projekt 1153 Orel«) zu entwickeln. Doch

Die »Admiral Kusnezow« war der einzige in Dienst gestellte Großdeckträger der Sowjetischen Marine. Sie dient heute in der Russischen Flotte.

Die insgesamt zehn »Nimitz«-Einheiten bilden bis zum Zulauf der neuen »Gerald R. Ford«-Klasse die gesamte Trägerflotte der U.S. Navy. Die Zusammensetzung der Luftfahrzeuge orientiert sich am Vorgänger.

bereits nach drei Jahren erfolgte die Einstellung dieses Projekts zugunsten kleinerer Träger mit konventionellem Antrieb. Ein zweiter Anlauf für die Fertigstellung nuklear betriebener Großdeckträger in den späten 1980er Jahren (»Uljanowsk«) scheiterte am Untergang der Sowjetunion. Der einzige von der Sowjetischen Marine jemals in Betrieb genommene große Träger ist die 1991 in Dienst gestellte 62.000 tons große »Admiral Kusnezow«, die jedoch über einen konventionellen Antrieb verfügt. Ihr unvollendetes Schwesterschiff »Warjag« wurde 1998 an China verkauft, wo es heute unter dem Namen »Liaoning« in Dienst steht.

Modernisierungen

Da die Indienststellung der zehn Einheiten der »Nimitz«-Klasse über einen Zeitraum von 34 Jahren (1975-2009) geschah, flossen die Erfahrungen, die ab dem ersten Schiff in der Praxis gesammelt wurden, und technische Neuerungen in die im Bau befindlichen Einheiten ein. Ab dem vierten Schiff (»USS Theodore Roosevelt« / CVN-71) erhielt die Klasse eine verstärkte Rumpfpanzerung aus Kevlar. Die letzten beiden Einheiten (»USS Ronald Reagan« / CVN-76 und »USS George H.W. Bush« / CVN-77) unterscheiden sich von ihren älteren Schwestern durch modifizierte Rümpfe und Inseln sowie eine verbesserte Bewaffnung, die schrittweise auf den anderen Trägern nachgerüstet wird. Das letzte Schiff, die »USS George H.W. Bush«, stellt aufgrund zahlreicher Neuerungen, die auch Teil des Konzepts der nachfolgenden »Gerald R.

Ford«-Klasse sind, eine Art Unterklasse bzw. einen Übergangsentwurf zwischen beiden Baureihen dar. Die neuen Träger sollen von den in der »George Bush« zum Teil erprobungsweise eingebauten Technologien profitieren. Damit die Einheiten der »Nimitz«-Klasse auch die für sie vorgesehene Dienstzeit von etwa fünfzig Jahren erfüllen können, muss jedes Schiff nach rund 25 Jahren eine Art Halbzeitüberholung durchlaufen. Dieser sogenannte »Refueling and Complex Overhaul« (RCOH) beinhaltet neben aufwändigen Modernisierungs- und Wartungsarbeiten auch eine Reaktorauffüllung, um auch in der zweiten aktiven Diensthälfte die Reaktoren betreiben zu können. Die Kosten für diese Überholung betragen je nach Quelle bis zu zwei Milliarden Dollar.

Einsatzprofil und -geschichte

Durch ihre Vielseitigkeit kann die »Nimitz«-Klasse neben der Unterstützung offensiver Militäreinsätze auch humanitäre Missionen durchführen oder durch ihre bloße Präsenz vor der Küste eines Landes eine Drohkulisse zur Durchsetzung verschiedener Ziele aufbauen. Seit dem Beginn ihrer Dienstzeit hat die »Nimitz«-Klasse neben der Teilnahme an Manövern eine wichtige Rolle bei zahlreichen Krisen und bewaffneten Konflikten eingenommen. Zu diesen zählten (und zählen) regelmäßige Einsätze im Persischen Golf: In den späten 1980er Jahren beschützten Einheiten der Klasse im Rahmen der »Operation Earnest Will« während des Iran-Irak-Krieges kuwaitische Tanker vor iranischen

Schiffsklasse	»Nimitz«
Bauwerft	Newport News Shipbuilding
Aktive Dienstzeit	seit 1975
Standard-Verdrängung	unbekannt
Einsatz-Verdrängung	ca. 97.000 tons
Länge über alles	ca. 332,9 m
Breite über alles	ca. 76,8 m
max. Tiefgang	ca. 12,5 m
Antrieb	2 Druckwasserreaktoren, 4 Turbinen, 280.000 PS
Anzahl der Wellen	4
Geschwindigkeit	bis zu 36 kn (je nach Quelle)
Reichweite	nahezu unbegrenzt
Bewaffnung	3 x RIM-7 »Sea Sparrow«, 4 x »Phalanx«, 2 x RIM-116 »RAM«, (variiert von Schiff zu Schiff)
Flugzeuge	bis zu 85
Besatzung	ca. 5.700

Angriffen. Während der »Operation Desert Storm« 1991 flogen die Flugzeuge der »Nimitz«-Klasse und älterer Baureihen Angriffe auf irakische Stellungen, um die Lufthoheit zu gewährleisten und somit die Basis für die alliierte Bodenoffensive zur Befreiung Kuwaits von der irakischen Besetzung zu schaffen. Während der 1990er Jahre sorgten Trägerflugzeuge für die Einhaltung der Flugverbotszone über dem Irak im Rahmen der »Operation Southern Watch«. Auch bei den Invasionen in Afghanistan (»Operation Enduring Freedom«) ab 2001

und dem Irak (»Operation Iraqi Freedom«) ab 2003 bildete der Einsatz der Flugzeuge der »Nimitz«-Klasse erneut die Grundlage für die folgenden Bodenoffensiven. Die Schiffe kommen wiederholt bei humanitären Krisen zum Einsatz. Im Jahre 1991 unterstützte die »USS Abraham Lincoln« die Evakuierung der Region rund um den ausbrechenden philippinischen Vulkan »Pinatubo« und half 2004 erneut vor der Küste Sumatras nach einem Seebeben im Indischen Ozean. 2005 unterstützte die »USS Harry S. Truman« nach dem Hurrikan »Katrina« an der

Start einer F/A-18 »Super Hornet« von der »USS George Washington« (CVN-73). Die hochgefahrenen Klappen schützen die anderen Flugzeuge vor dem Düsenstrahl.

Die »Dwight D. Eisenhower« (CVN-69) während der Betankung der deutschen Fregatte »Hessen« (F-221) während einer Übung 2009.

Name	Indienststellung
»USS Nimitz« (CVN-68)	03.05.75
»USS Dwight D. Eisenhower« (CVN-69)	18.10.77
»USS Carl Vinson« (CVN-70)	13.03.82
»USS Theodore Roosevelt« (CVN-71)	25.10.86
»USS Abraham Lincoln« (CVN-72)	11.11.89
»USS George Washington« (CVN-73)	04.07.92
»USS John C. Stennis« (CVN-74)	09.12.95
»USS Harry S. Truman« (CVN-75)	25.07.98
»USS Ronald Reagan« (CVN-76)	12.07.03
»USS George H. W. Bush« (CVN-77)	10.01.09

Landung eines Hubschraubers vom Typ MH-60S »Knight Hawk« auf der »USS John C. Stennis« (CVN-74). Die Schiffe kommen auch bei humanitären Missionen zum Einsatz.

US-Golfküste die Versorgung der Bevölkerung per Hubschrauber. Bei Wassermangel kann jedes Schiff mit seinen jeweils vier Frischwassererzeugeranlagen pro Tag bis zu 1.500 Tonnen Trinkwasser produzieren.

Nach der Außerdienststellung aller konventionell angetriebenen Träger und der »USS Enterprise« 2012 verfügt die U.S. Navy gegenwärtig nur noch über zehn Einheiten der »Nimitz«-Klasse und somit über zehn Trägerkampfgruppen (»Carrier Battle Groups«). Von diesen sind dau-

erhaft neun aktiv, während eine zur Halbzeitüberholung in der Werft liegt. Die Schiffe sind auf den Atlantik und den Pazifik verteilt, ein Träger ist im japanischen Yokosuka (bei Tokio) stationiert (siehe »Kitty Hawk«-Klasse). Je nach Bedarf oder sich ändernder Sicherheitslage erfolgen von Zeit zu Zeit Verlegungen der Träger in andere Häfen. Mit der Indienststellung der »USS Gerald R. Ford« sollen wieder elf Trägerkampfgruppen zur Verfügung stehen.

Die »USS Ronald Reagan« (CVN-76). Die letzten Schiffe der Klasse werden voraussichtlich noch bis in die 2050er Jahre aktiv bleiben.

»Gerald R. Ford«-Klasse

(1 gebaute Einheit, weitere im Bau und in Planung)

Seit ihrer Inbetriebnahme ab 1975 erhielten die zehn Einheiten der »Nimitz«-Klasse zahlreiche neue Technologien zur Erhöhung ihres Kampfwertes und ihrer Vielseitigkeit. Die in jüngerer Zeit entwickelten Waffen- und Bordsysteme haben neben ihrer hohen Leistungsfähigkeit jedoch auch einen größeren Energiebedarf. Da die »Nimitz«-Klasse nur über eine begrenzte Kapazität zur Erzeugung elektrischer Energie verfügt, werden Integration und Betrieb neuer Systeme in Zukunft zunehmend problematisch werden. Hinzu kommt die Gewichtszunahme durch den An- oder Einbau dieser zusätzlichen Anlagen und die damit verbundene Verlagerung des Konstruktionsschwerpunktes nach oben. Diese Veränderung kann die Schiffsstabilität und damit die Seetüchtigkeit und Einsatzfähigkeit beinträchtigen. Aus diesem Grund ist die »Nimitz«-Klasse (vor allem die ersten Einheiten) nur beschränkt mit zukünftigen Technologien nachrüstbar. Zudem sind diese komplexen Schiffe, nicht zuletzt wegen ihrer Flugzeuge, enorm wartungs-, personal- und somit kostenintensiv.

Basierend auf den Praxiserfahrungen mit diesen Trägern erfolgte daher die Entwicklung eines Nachfolgers. Dieser sollte stärkere Anlagen zur Erzeugung von elektrischer Energie und mehr Raum für zukünftig zu installierende Systeme erhalten. Eine größere Automatisierung sollte eine Reduzierung der Besatzungsstärke und eine Verminderung des Wartungsaufwands ermöglichen. 2009 begann der sektionale Bau des ersten Schiffes der neuen »Gerald R. Ford«-Klasse bei Newport News Shipbuilding in Virginia.

Antrieb

Die »Gerald R. Ford«-Klasse verfügt über zwei neu entwickelte, kosteneffizientere Druckwasserreaktoren vom Typ »A1B« des Herstellers Bechtel Corporation. Wie beim Vorgänger erfolgt die Kühlung durch Wasser. Die Leistung der beiden mit Uran angereicherten Reaktoren beträgt jeweils rund 700 Megawatt. Laut Planung sollen die Träger zur Mitte der geplanten Lebensdauer, also nach 25 Jahren, neue Brennelemente für ihre Reaktoren erhalten. Neben den Antriebsturbinen erzeugen die Reaktoren die

Susan Ford Bales, die Tochter des ehemaligen Präsident Gerald R. Ford, bei der Taufe des gleichnamigen Schiffes am 9. November 2013. Zwei weitere Schiffe sind im Bau.

Die »Gerald R. Ford«-Klasse entsteht in Sektionsbauweise. Nach der Fertigstellung schwimmt der Träger im Dock auf. Der Bau des Typschiffes kostete rund 13 Milliarden US-Dollar.

zweieinhalbfache elektrische Energie der Vorgängerklasse, um auch in Zukunft leistungsstarke Waffen- und Bordsysteme versorgen zu können. Automatisierte und vereinfachte Betriebsabläufe sollen die Besatzungsstärke um rund dreißig Prozent auf etwa 4.500 Personen und somit die Unterhaltungskosten reduzieren.

Konstruktionsmerkmale

Die Rumpfform entspricht weitgehend dem bewährten Entwurf der »Nimitz«-Klasse. Der Schiffsinnenraum und die Aufbauten weisen jedoch zum Teil große Unterschiede auf, um neue Technologien aufnehmen zu können. Das letzte Schiff der »Nimitz«-Klasse, die »USS George H. W. Bush« (CVN-77), erhielt bereits diverse Innovationen und gilt als Übergangsschiff zwischen beiden Baureihen. Um die Radarsignatur der neuen Klasse zu senken, erhielt sie einen neuartigen Kommandoturm (Insel) sowie Oberflächenmaterialien zur Absorbierung von Radarstrahlen. Die Verkleinerung sowie die Verlegung der Insel weiter nach achtern vergrößert die Flugdeckfläche, sodass die Bewegung von Luftfahrzeugen einfacher erfolgen kann. Zudem soll eine effizientere Logistik bei den Bewaffnungs- und Betankungsvorgängen die Einsatzrate der Luftfahrzeuge erhöhen. Obwohl nur nur drei statt der bisher üblichen vier Aufzüge vorhanden sind, arbeiten diese schneller und sind weniger wartungsintensiv. Die neue Trägergeneration stellt auch auch einen Wechsel von dampf- und hydraulikbetriebenen Systemen zu elektrischen Anlagen dar. So werden die Schiffe zum Beispiel nicht wie bisher ihre Flugzeuge mit Dampfkatapulten zum Start vom Flugdeck beschleunigen lassen. Stattdessen kommt ein neuentwickeltes elektromagnetisches »EMALS«-Katapult (»Electromagentic Aircraft Launch System«) zum Einsatz. Diese Technik, die auch in stark vereinfachter Form bei Achterbahnen Anwendung findet, gilt als leistungsstärker und weniger wartungsintensiv. Im Vergleich zu den bisherigen Dampfkatapulten soll sie pro Tag eine Erhöhung der Starts um

Einbau der Insel auf der »USS Gerald R. Ford«. Durch ihre geringeren Außenmaße und veränderte Form soll sie zusammen mit anderen neuen Technologien die Radarsignatur des Trägers reduzieren.

bis zu einem Viertel ermöglichen. Durch die Komplexität der Anlage traten während der Erprobungsphase auf der »USS Gerald R. Ford« jedoch einige Mängel auf, sodass diverse Umbauten nötig waren. Die Betätigung der Munitionsaufzüge erfolgt ebenfalls elektromagnetisch und macht daher Stahlseile überflüssig. Die Steuerung der Bremskabel erfolgt durch Computersysteme, um durch die Ermittlung einer angemessenen Rückhaltekraft die Belastung vor allem der kleineren Flugzeuge bei der Landung zu reduzieren. Um gegenwärtige Systeme einfacher durch zukünftige Technologien ersetzen zu können, sind diese in austauschbaren Modulen an Bord installiert.

Die »USS Gerald R. Ford« kurz vor dem Aufschwimmen im Trockendock.

Das neue elektromagnetische Katapult der »USS
Gerald R. Ford« bei einem Test. Anhaltende
technische Probleme könnten die Kosten
erhöhen und die volle Einsatzbereitschaft
verzögern.

Flugzeugmuster und Bewaffnung

Die Zusammensetzung der rund 75 mitgeführten Flugzeuge wird sich an der »Nimitz«-Klasse
orientieren und voraussichtlich aus der F/A-18
»Super Hornet«, der EA-18 »Growler«, der E-2
»Hawkeye« sowie der kürzlich in Betrieb
genommenen F-35 »Lightning II« bestehen.
Zusätzlich zu bemannten Flugzeugmustern werden die Träger auch große unbemannte Kampf-
und Aufklärungsluftfahrzeuge (Drohnen) mitführen, starten und landen sowie warten können.
Obwohl die »Gerald R. Ford«-Klasse ausschließlich im Verband mit Eskortschiffen operieren wird, erhielt sie eine umfangreiche
Bewaffnung zur eigenen Luftnahverteidigung.
Diese besteht aus zwei 20-mm-Kanonen vom

Typ »Phalanx« sowie je zwei Flugkörperstartern
für die RIM-116 »RAM« (»Rolling Air Frame«)
und die RIM-162 »Evolved Sea Sparrow Missile«. Zur U-Boot- bzw. Torpedoabwehr dient
das schleppbare Täuschkörpersystem vom Typ
»AN/SLQ-25« (»Nixie«). Für die Elektronische
Kampfführung bzw. Aufklärung kommt das »AN/
SLQ-32« zum Einsatz. Je nach Quelle sollen
die Schiffe bereits bei ihrer Fertigstellung oder
bei späteren Nachrüstungen eine neuartige Pan-
zerung (»Dynamic Armor«) zum Schutz lebens-
wichtiger Bereiche wie den Reaktoren, Muniti-
onslagern und Treibstoffbunkern erhalten. Diese
besteht im Grunde aus einer äußeren und einer
inneren Platte, die in einem geringen Abstand
voneinander angeordnet sind. Die äußere Platte
bzw. Schicht ist elektrisch geladen. Wenn die
Spitze eines panzerbrechenden Hohlladungsge-
schosses aus leitfähigem Metall nacheinander
beide Platten durchschlägt, werden diese
dadurch miteinander verbunden und so eine
elektrische Verbindung erzeugt. Der nun fließen-
de Strom führt zu einer (teilweisen) Verdamp-
fung der Explosionsgase des Geschosses und
schwächt so dessen Ausdehnungsdruck bzw.
dessen zerstörerische Kraftentfaltung ab.
Ein weiteres Novum auf der »Gerald R. Ford«-
Klasse kann in naher Zukunft eine Laserwaffe

Das neue »Laser Weapon System« kann verschiedene Ziele bekämpfen.

Schiffsklasse	»Gerald R. Ford«
Name	»USS Gerald R. Ford« (CVN-78); »USS John F. Kennedy« (CVN-79); »USS Enterprise« (CVN-80)
Bauwerft	Newport News Shipbuilding
Aktive Dienstzeit	»Gerald R. Ford«: ab 2016; »John F. Kennedy«: geplant 2020; »Enterprise«: geplant 2025
Standard-Verdrängung	unbekannt
Einsatz-Verdrängung	ca. 100.000 tons
Länge über alles	ca. 332,9 m
Breite über alles	ca. 78 m
max. Tiefgang	ca. 12 m
Antrieb	2 Druckwasserreaktoren, 4 Turbinen, (Leistung unbekannt)
Anzahl der Wellen	4
Geschwindigkeit	über 30 kn
Reichweite	nahezu unbegrenzt
Bewaffnung	3 x RIM-162 »Evolved Sea Sparrow«, 2x »Phalanx«, 2 x RIM-116 »RAM«
Flugzeuge	ca. 75
Besatzung	ca. 4.540

mit der Bezeichnung »LaWs« (»Laser Weapon System«) sein. Diese noch in der Erprobung befindliche Anlage soll ihre Ziele auch über große Entfernungen hinweg genau treffen und weitaus kostengünstiger sein als herkömmliche Geschütze oder Flugkörpersysteme. Die Waffe kann Laserstrahlen in verschiedenen Stärken abgeben, die von einem »Warnschuss« bis hin zu einem vernichtenden Strahl reichen können, der kleine Flugkörper wie Drohnen zum Absturz bringen oder Boote in Brand setzen kann.

Nach der Indienststellung des Typschiffes der neuen Klasse, der »USS Gerald R. Ford« (CVN-78), im Jahre 2016 werden die beiden nächsten Schiffe, »USS John F. Kennedy« (CVN-79) und »USS Enterprise« (CVN-80), voraussichtlich 2020 und 2025 zur Flotte stoßen. Bis in die 2050er Jahre hinein plant die U.S. Navy den Bau von bis zu elf Einheiten in einem Abstand von vier bis fünf Jahren, um auch die zehn aktiven Einheiten der »Nimitz«-Klasse nacheinander zu ersetzen.

Die »USS Gerald R. Ford« ersetzt die 2012 außer Dienst gestellte »USS Enterprise«. Die nachfolgenden Einheiten werden schrittweise die »Nimitz«-Klasse ablösen.

»Iwo Jima«-Klasse

(7 gebaute Einheiten)

Während des Zweiten Weltkrieges kamen die Streitkräfte des U.S. Marine Corps und der U.S. Navy bei zahlreichen amphibischen Landungsoperationen zum Einsatz. Im Pazifik waren viele Inseln und Küstenstreifen von den Japanern besetzt und zum Teil mit aufwändigen Verteidigungsanlagen versehen. Um diese Gebiete einnehmen zu können, entwickelte das amerikanische Militär verschiedene Typen von Landungsbooten. Diese sollten unter dem Feuerschutz der eigenen Trägerflugzeuge und Schiffsartillerie Truppen und militärisches Gerät möglichst nahe an den Strand heranbringen. Während dieses Krieges kam bereits eine kleine Anzahl von Hubschraubern wie beispielsweise die Sikorsky R-4 vor allem für Transport- und Rettungsaufga-

ben zum Einsatz. Dennoch sollte es noch einige Jahre dauern, bis diese Fluggeräte derart weiterentwickelt waren, um Truppen in feindlichen Gebieten absetzen und von dort wieder abholen zu können. Als diese Hubschrauber verfügbar wurden, setzte die U.S. Navy zunächst einige umgerüstete Flottenträger der »Essex«-Klasse wie die »USS Boxer« (LPH-4, ex-CV-21) und kleinere Geleitflugzeugträger wie die »USS Thetis Bay« (CVHA-1) für amphibische Landungsoperationen ein. Während dieser Einsätze verblieben die Träger auf See in sicherer Distanz zur Küste. Die mitgeführten Hubschrauber starteten dann vom Flugdeck aus und brachten entweder Truppen oder Material an Land, retteten abgeschossene Piloten oder evakuierten Verwundete und Zivilisten. Während des Koreakrieges (1950-53) kamen verschiedene Hubschrauber-

Die »USS Iwo Jima« 1979. Die Klasse wurde nach der Schlacht um Iwo Jima 1945 benannt, als US-Streitkräfte die japanische Insel eroberten. Jedes Schiff wurde nach einer Landungsoperation benannt. (U.S. National Archives)

typen in diesen und weiteren Funktionen erfolgreich zum Einsatz, sodass die U.S. Navy bald leistungsfähigere Trägerschiffe benötigte.
In den 1950er Jahre begann daher auf Basis der gewonnenen Erfahrungswerte mit den bisher eingesetzten Schiffen die Entwicklung eines neuen Trägertyps. Dieser sollte genau auf den Betrieb von Hubschraubern und die Unterstützung von amphibischen Landungsoperationen zugeschnitten sein. 1959 erfolgte die Kiellegung der »USS Iwo Jima« (LPH-2), welche die Bezeichnung »Amphibisches Angriffsschiff« (»Amphibious Assault Ship«) erhielt. Bis 1970 erfolgte der Bau von sechs Schwesterschiffen. Ihr Entwurf orientierte sich primär an den Geleitflugzeugträgern der »Casablanca«- und »Commencement-Bay«-Klasse des Zweiten Weltkrieges.

Eine AH-1 »SeaCobra« landet auf der »USS Iwo Jima« 1985. Die AH-1 war der erste reine Kampfhubschrauber der Welt. (U.S. Department of Defense)

Einsatzprofil, Luftfahrzeuge und Bewaffnung

Bei einer Besatzungsstärke von rund 667 Mann konnte die »Iwo Jima«-Klasse zusätzlich etwa 2.000 Soldaten des U.S. Marine Corps mitführen bzw. unterbringen. Für den Truppen- oder Materialtransport konnte jedes Schiff entweder bis zu zwanzig Transporthubschrauber vom Typ CH-46 »Sea Knight« oder bis zu dreizehn größere Einheiten vom Typ CH-53 »Sea Stallion« aufnehmen. Hinzu kamen mehrere AH-1-»SeaCobra«-Kampfhubschrauber sowie UH-1-»Huey«- Verbindungshelikopter. Der Bestand der mitgeführten Luftfahrzeuge variierte je nach Einsatzzweck, setzte sich im Normalfall jedoch aus sechs »Cobras«, zwei »Hueys« sowie vier CH-53- und zehn CH-46-Hubschraubern zusammen. Ab den 1970er Jahren erhielten die Schiffe für die Luftnahunterstützung der Landetruppen zudem mehrere Angriffsflugzeuge vom Typ AV-8B »Harrier II«. Diese eigneten sich aufgrund ihrer Fähigkeit zu senkrechten Starts und Landungen hervorragend für den Betrieb auf der »Iwo Jima«-Klasse. Die Schiffe verfügten noch über kein sogenanntes Welldeck (Schwimmdock) im Achterschiff. Dies war ein großer Laderaum, in dem Landungsboote für den

Eine »Harrier« beim Senkrechtstart von der »USS Guam«. Da sie keine Startbahn benötigt, kann sie auch auf kleinen Flugdecks sowie an Orten landen, die für normale Flugzeuge unzugänglich sind.

Transport von schweren Fahrzeugen und Material Platz fanden. Durch das Absenken des Hecks erfolgte die Flutung des Welldecks, sodass die Boote den Laderaum verlassen konnten. Da erst

Die »USS Guam« mit Hubschraubern der Typen CH-53 und CH-46 des U.S. Marine Corps. Die »Iwo Jima«-Klasse hatte noch kein sog. Welldeck im Heck.

die nachfolgenden amphibischen Angriffsschiffe eine solche Vorrichtung erhielten, war die »Iwo Jima«-Klasse häufig auf zusätzliche verschiedene Landungs- und Transportschiffe angewiesen. Diese brachten jeweils entweder Hubschrauber, Landungsboote oder Material in die Einsatzgebiete. Zu diesen zusätzlichen Einheiten zählten beispielsweise sogenannte amphibische Transportdockschiffe (»Landing Platform Docks / LPDs«) der »Raleigh«- und »Austin«-Klasse für den Transport von Hubschraubern, Panzern, diversen anderen Fahrzeugen oder Ausrüstungsgegenständen. Darüber hinaus kamen zum Teil amphibische Frachtschiffe (»Amphibious Cargo Ships«) für den reinen Truppentransport zum Einsatz. Anfangs umfasste die Bordbewaffnung acht 7,6-cm-Geschütze in vier Doppeltürmen. Während sich im Laufe der Jahre die Rohrzahl auf vier verringerte, erhielten die Schiffe zwei Achtfachstarter vom Typ RIM-7 »Sea Sparrow« und schließlich in den 1980er Jahren zwei »Phalanx« CIWS zur Flug- und Raketenabwehr. Der Antrieb bestand aus zwei Kesseln, die eine Turbine mit Dampfdruck versorgen. Bei einer Gesamtleistung von 22.000 PS erreichten die Schiffe rund 22 Knoten.

Einsatzgeschichte

Während des Vietnamkrieges (1955-75) kamen einige Einheiten der Klasse zu verschiedenen Einsätzen. Zu diesen zählten der Transport von Truppen und Material, die Evakuierung und Behandlung von Verwundeten, Aufklärungsmissionen und die Feuerunterstützung bei Landungsoperationen. Im Laufe des Libanesischen Bürgerkrieges (1975-90) nahm die »Iwo Jima«-Klasse während der 1980er Jahre an verschiedenen Einsätzen zur internationalen Friedenssicherung teil. Bei der »Operation Desert Storm« kamen die Schiffe unter anderem im Persischen Golf zum Einsatz, um die Seewege von irakischen Seeminen zu befreien. Während eines solchen Einsatzes lief die »USS Tripoli« im Februar 1991 auf eine Mine, war jedoch trotz ihrer Beschädigung nach einigen Stunden wieder einsatzbereit.

Zwischen 1993 und 2002 erfolgte die Außerdienststellung der gesamten Klasse. Während die »USS Iwo Jima« abgewrackt und fünf weitere Einheiten als Zielschiffe versenkt wurden, blieb die »USS Tripoli« als schwimmende Abschussplattform für Raketentests ohne eigenen Antrieb erhalten.

Bergung der Landekapsel von »Apollo 13« nach ihrer geglückten Wasserung durch die »USS Iwo Jima« am 17. April 1970. (NASA / S70-15530)

Die bei der »Operation Desert Storm« von einer Mine beschädigte »USS Tripoli« während der Reparatur in Bahrain.

Schiffsklasse	»Iwo Jima«
Name	»USS Iwo Jima« (LPH-2); »USS Okinawa« (LPH-3); »USS Guadalcanal« (LPH-7); »USS Guam« (LPH-9); »USS Tripoli« (LPH-10); »USS New Orleans« (LPH-11); »USS Inchon« (LPH-12)
Bauwerft	»Iwo Jima«: Puget Sound Naval Shipyard; »Okinawa«, »Guadalcanal«, »Guam«, »New Orleans«: Philadelphia Naval Shipyard; »Tripoli«, »Inchon«: Ingalls Shipbuilding, Pascagoula
Aktive Dienstzeit	»Iwo Jima«: 26.08.61 - 14.07.93; »Okinawa«: 14.04.62 - 17.12.92; »Guadalcanal«: 20.07.63 - 31.08.94; »Guam«: 16.01.65 - 25.08.98; »Tripoli«: 06.08.66 - 15.09.95; »New Orleans«: 16.11.68 - 01.10.97; »Inchon«: 20.06.70 - 20.06.02
Standard-Verdrängung	11.000 tons
Einsatz-Verdrängung	18.474 tons
Länge über alles	183,0 m
Breite über alles	31,9 m
max. Tiefgang	7,9 m
Antrieb	2 Dampfkessel, 1 Dampfturbine, 22.000 PS
Anzahl der Wellen	1
Geschwindigkeit	ca. 22 kn
Reichweite	ca. 6.000 sm bei 18 kn (je nach Quelle abweichend)
Bewaffnung	bei Indienststellung: 8 x 7,6-cm-Flak nach Modernisierung: 4 x 7,6-cm-Flak, 2 x RIM-7 »Sea Sparrow«, 2 x »Phalanx«
Luftfahrzeuge	bis zu 25 Hubschrauber oder bis zu vier AV-8A »Harrier«
Besatzung	667 sowie ca. 2.000 US-Marines

»Tarawa«-Klasse

(5 gebaute Einheiten)

In den frühen 1960er Jahren begann die Entwicklung der »Tarawa«-Klasse als Nachfolger für die »Iwo Jima«-Klasse. Letztere hatte sich aufgrund ihrer relativ geringen Abmessungen und eines fehlenden Welldecks als nur bedingt einsetzbar für Landungsoperationen erwiesen. Die neue Baureihe sollte diese Nachteile ausgleichen, sodass sie möglichst unabhängig von anderen Einheiten operieren und diese zum Teil überflüssig machen konnte. Die Einheiten der »Tarawa«-Klasse sollten zudem als schwimmende Stützpunkte mit Unterbringungsmöglichkeiten für Truppen sowie als Kommandozentrale für Angriffe und als Lazarett für 300 Verwundete dienen. Weiterhin sollten sie in der Lage sein, mit ihren Luftfahrzeugen zumindest einen Teil der Feuerunterstützung bei amphibischen Landungen übernehmen zu können.

Mit der Entwicklung dieses vielseitigen Schiffes gab die U.S. Navy ihr bisheriges Prinzip auf: Dieses hatte mehrere kleinere amphibische Einheiten mit geringerer Ladekapazität und somit einem verteilten Risiko im Falle von Angriffen bzw. Treffern vorgesehen. Das neue Prinzip, welches sich auf wenige große Einheiten mit jeweils höherer Zuladung stützte, beinhaltete ein größeres Risiko bei Treffern, da sich der Gegner nun auf weniger Ziele konzentrieren musste. Diesen möglichen Umstand nahm die U.S. Navy jedoch in Kauf, da der neue Schiffstyp bei einer Einsatzverdrängung von 39.300 tons standfester und stärker bewaffnet war als die anderen vorhandenen amphibischen Einheiten. Durch seine Vielseitigkeit konnte ein Schiff der ab 1976 in Dienst gestellten »Tarawa«-Klasse zusammen mit nur zwei »Tank Landings Ships« (LSTs) ein ganzes Landungsbataillon des U.S. Marines Corps mit rund 2.000 Mann einschließlich aller erforderlicher Fahrzeuge, Waffen und Ausrüstungen in das Einsatzgebiet bringen und dort anlanden. Ab den 1980er Jahren ersetzten die leistungsfähigeren Docklandungs-

Das Typschiff »USS Tarawa« beim Transit des Panamakanals 1976.

Die »USS Saipan« im Jahre 2004. Mit ihren 39.300 tons erreichte die 250 Meter lange »Tarawa«-Klasse die Abmessungen der großen Flottenträger der »Essex«-Klasse aus dem Zweiten Weltkrieg.

Die »USS Belleau Wood« im Jahre 2004. Durch zwei Bugstrahlruder konnte sie sich in eine Position bringen oder diese halten, um das Aussetzen oder Aufnehmen von Landungsfahrzeugen zu erleichtern.

schiffe (»Dock Landings Ships« / LDSs) der »Whidbey-Island«-Klasse und ab den 1990er Jahren die »Harpers-Ferry«-Klasse die bisherigen LST-Einheiten.

Obwohl die U.S. Navy ursprünglich neun Einheiten der »Tarawa«-Klasse erwerben wollte, ließen unter anderem die Kosten für den Krieg in Vietnam lediglich den Bau von fünf Schiffen zu. Diese entstanden alle in Sektionsbauweise auf der Werft Ingalls Shipbuilding in Pascagoula, Mississippi. Das Zusammensetzen der einzelnen Sektionen erfolgte bei jedem Schiff auf einem schwimmfähigen Ponton. Nach der Fertigstellung zogen leistungsstarke Winden diesen aus dem Baudock ins Wasser. Nach dem Fluten des Pontons senkte sich dieser ab, sodass der Rumpf aufschwamm.

Luftfahrzeuge, Landungsboote und Bewaffnung

Um möglichst vielfältig einsetzbar zu sein, war die »Tarawa«-Klasse ab 1979 für den Betrieb von senkrecht startenden Flugzeugen vom Typ AV-8B »Harrier II« (»Vertical Take-Off and Landing« / VTOL), diversen Luftfahrzeugen, Landungsbooten und Amphibienfahrzeugen ausgelegt. Zu den Hubschraubern gehörten AH-1W »SuperCobra« Attack Helicopter, Transporter vom Typ CH-46 »Sea Knight« und CH-53 »Sea Stallion« sowie Mehrzweckhubschrauber vom Typ UH-1 »Huey«. Je nach Einsatzzweck variierte die Zusammensetzung der einzelnen Luftfahrzeuge. Insgesamt konnten bis zu dreißig Hubschrauber oder zwan-

zig »Harrier II« an Bord Platz finden.

Im Gegensatz zu ihrem Vorgänger erhielt die »Tarawa«-Klasse ein Welldeck zur Mitführung von verschiedenen Landungsbooten oder amphibischen Fahrzeugen. Dieser variable flutbare Dockraum im Heckbereich ermöglichte es den Fahrzeugen, das Schiff eigenständig verlassen können. Um den Booten Auftrieb verleihen zu können, war es erforderlich, das ganze Deck zu fluten. Das Absenken erfolgte durch das Füllen der großen Ballasttanks mit Seewasser. Bei schwimmfähigen Panzerfahrzeugen vom Typ »AAV« (»Assault Amphibious Vehicle«) beispiels-

Ein »LCAC« kurz vor dem Eindocken. Anders als Landungsboote kann es direkt auf den Strand auffahren oder in enorm seichten Gewässern operieren. Durch seine schwebende Fortbewegung ist es zudem bis zu einem gewissen Grad immun gegen Minen.

Ein »LCU«-Landungsboot (»Landing Craft Utility«) bei einer Übung. Das »LCU« kann bis zu 400 Soldaten oder 170 Tonnen an Material (Fahrzeuge, Waffen, Ausrüstung) transportieren.

weise genügte es, die große Heckklappe (auch als »Tor« bezeichnet) zu öffnen, sodass die Fahrzeuge dann aus eigener Kraft ins Wasser fahren und sich in Richtung Land bewegen konnten. In der Regel befanden sich zwei »LCU«-Landungsboote (»Landing Craft Utility«), ein »LCAC«-Luftkissenlandungsfahrzeug (»Landing Craft Air Cushion«) sowie mehrere kleinere Landungsboote oder amphibische Fahrzeuge im Welldeck.

Ein »Amphbious Assault Vehicle« verlässt das Welldeck.

Einsatzprofil und -geschichte

Die »Tarawa«-Klasse kam wiederholt während der »Operation Desert Storm« (1991), im Afghanistan-Krieg (2001), der »Operation Iraqi Freedom« (2003) sowie im Laufe des Balkan- und Kosovokrieges im Laufe der 1990er Jahre zum Einsatz. Bei diesen Missionen flogen ihre Luftfahrzeuge Angriffe auf feindliche Ziele, unterstützten die Bodentruppen und führten Aufklärungsflüge durch. Zudem bewährten sich die Schiffe auch bei humanitären Einsätzen: Mit ihren Hubschraubern versorgten sie die Bevölkerung in verschiedenen Ländern, welche unter Naturkatastrophen oder Kriegen zu leiden hatten, mit diversen Hilfsgütern. Während solcher Missionen dienten die Einheiten der »Tarawa«-Klasse auch als schwimmende Auffanglager oder Lazarette.

Die fünf zwischen 1976 und 1980 in Dienst gestellten Schiffe waren auf eine aktive Dienstzeit von rund 35 Jahren ausgelegt. Als sich diese nach dem Jahre 2000 dem Ende näherte, verzichtete die U.S. Navy auf eine Komplettüber-

holung (»Life Extension Program«), welche jedem Schiff eine weitere Dienstzeit von maximal fünfzehn Jahren beschert hätte. Die dafür erforderlichen hohen Kosten, der eher schlechte Zustand einiger Einheiten sowie die sehr eingeschränkte Kompatibilität mit neuen Ausrüstungen und Luftfahrzeugen wie der F-35B »Lightning II« und der MV-22 »Osprey« (siehe »Wasp«-Klasse) gaben den Ausschlag, die Schiffe bald nacheinander außer Dienst zu stellen. Da die »USS Belleau Wood« sich im schlechtesten Allgemeinzustand befand, erfolgte ihre Ausmusterung bereits 2005. Im Jahr darauf wurde sie im Rahmen der Übung »RIMPAC« vor der Küste Hawaiis als Zielschiff versenkt. Als letztes Schiff der Klasse wurde 2015 die »USS Peleliu« außer Dienst gestellt. Es gibt Anstrengungen seitens ehemaliger Besatzungsmitglieder der »USS Tarawa«, diese als Museumsschiff für die Nachwelt zu erhalten. Die amerikanische »Coalition of Hope Foundation«, eine Organisation für humanitäre Einsätze, bemüht sich um den Erwerb der »USS Nassau«, um sie als Hilfsschiff einzusetzen (»Project Excelsior«).

Schiffsklasse	»Tarawa«
Name	»USS Tarawa« (LHA-1); »USS Saipan« (LHA-2); »USS Belleau Wood« (LHA-3); »USS Nassau« (LHA-4); »USS Peleliu« (LHA-5)
Bauwerft	Ingalls Shipbuilding, Pascagoula
Aktive Dienstzeit	»Tarawa«: 29.05.76 - 31.03.09; »Saipan«: 15.10.77 - 20.04.07; »Belleau Wood«: 23.09.78 - 28.10.05; »Nassau«: 28.07.79 - 31.03.11; »Peleliu«: 03.05.80 - 31.03.15
Standard-Verdrängung	22.255 tons
Einsatz-Verdrängung	39.300 tons
Länge über alles	250 m
Breite über alles	32,3 m
max. Tiefgang	8,2 m
Antrieb	2 Dampfkessel, 2 Turbinen, 70.000 PS
Anzahl der Wellen	2
Geschwindigkeit	24 kn
Reichweite	10.000 sm bei 20 kn
Bewaffnung	bei Indienststellung: 3 x 12,7-cm-Kanonen, 2 x RIM-7 »Sea Sparrow« nach Modernisierung: 2 x RIM-116 »RAM«, 4 x 2,5-cm-Kanonen, 2 x »Phalanx«
Luftfahrzeuge	bis zu 30 Hubschrauber oder bis zu 20 »Harrier«
Besatzung	ca. 950 sowie knapp 2.000 Marines

Die »Amphibious Strike Group« der »USS Nassau« mit Docklandungs- und Eskortschiffen im Atlantik 2008.

»Wasp«-Klasse

(8 gebaute Einheiten)

Auf Basis des gelungenen Entwurfs der »Tarawa«-Klasse begann die U.S. Navy in den frühen 1980er Jahren mit der Entwicklung der noch leistungsfähigeren »Wasp«-Klasse. Während diese viele Merkmale von ihrem bewährten Vorgänger übernahm, erhielt sie neben zahlreichen Detailverbesserungen eine wesentlich größere Dockkapazität zur Mitführung einer größeren Zahl von Fahrzeugen und Material.

Obwohl die U.S. Navy ursprünglich die Anschaffung von bis zu elf Einheiten erwogen hatte, erfolgte aus Budgetgründen schließlich eine Reduzierung auf sieben Schiffe. Wie ihre Vorgänger entstanden diese ab 1985 in Sektionsbauweise auf der Werft Ingalls Shipbuilding in Pascagoula, Mississippi. Mit ihrer Indienstellung zwischen 1989 und 2001 lösten sie die inzwischen veralteten Einheiten der »Iwo Jima«-Klasse ab, deren Ausmusterung zwischen 1993 und 2002 erfolgte. Als sich die U.S. Navy entschied, einige Einheiten der »Tarawa«-Klasse früher als geplant in die Reserve zu überführen und die »USS Belleau Wood« bereits 2005 den Anfang machen sollte (siehe »Tarawa«-Klasse), erhielt Ingalls Shipbuilding 2002 den Bauauftrag für ein achtes Schiff der »Wasp«-Klasse. Dieses wurde auf den Namen »USS Makin Island« getauft und sollte einen möglichen Mangel an amphibischen Angriffsschiffen ausgleichen. Als letzte Einheit ihrer Klasse erhielt sie im Gegensatz zu ihren Schwesterschiffen einige Verbesserungen als Folge der bisher gewonnen Erfahrungswerte mit der »Wasp«-Klasse. Der größte Unterschied besteht im

Das Typschiff »USS Wasp« bei der Treibstoffübernahme von einem Versorger im Jahre 2002.

Ein »LCU«-Landungsboot hinter dem 82 Meter langen und 15 Meter breiten Welldeck der »USS Boxer«. Im Bugbereich befindet sich ein rund 2.000 m² großer Frachtraum.

Antrieb: Während die ersten sieben Schiffe über eine Dampfturbinenanlage mit Ölkesselfeuerung und einer Gesamtleitung von 70.000 PS verfügen, erhielt die »USS Makin Island« als erstes amerikanisches Flugdeckschiff zwei Gasturbinen. Bei vergleichbarer Leistung ermöglichen diese eine höhere Beschleunigung. Bei Marschgeschwindigkeiten von bis zu 12 Knoten erfolgt der Antrieb durch zwei Elektromotoren mit je 5.000 PS, sodass die Schonung der Gasturbinen große Treibstoffmengen einspart. Diese Antriebsart kommt auch bei den nachfolgenden amphibischen Angriffsschiffen der »America-Klasse« zur Anwendung. Statt Dampfgeneratoren erzeugen auf der »USS Makin Island« sechs sparsamere Dieselgeneratoren eine Gesamtenergie von 24 Megawatt. Die Höchstgeschwindigkeit der gesamten Klasse beträgt rund 24 Knoten, die maximale Reichweite bei einer Marschgeschwindigkeit von achtzehn bis zwanzig Knoten liegt bei etwa 9.500 Seemeilen (ca. 17.600 Kilometer).

Die Zusammensetzung der mitgeführten Luftfahrzeuge orientiert sich an der vorangegangenen »Tarawa«-Klasse. So befinden sich in der Regel etwa 23 Hubschrauber an Bord: zwölf CH-46 »Sea Knights«, vier CH-53 »Sea Stallions«, drei UH-1 »Hueys« und vier AH-1 »Super-Cobras«. Hinzu kommen sechs senkrecht startende AV-8B-»Harrier«-Flugzeuge, welche in naher Zukunft durch die neue F-35B »Lightning II« ersetzt werden. Das neue Mehrzweckkampfflugzeug verfügt über ausgeprägte Tarnkappenfähigkeiten (»Stealth«), um so einer gegnerischen Radarerfassung entgehen und so möglichst unentdeckt operieren zu können. Die F-35B kann von kurzen Strecken oder Flugdecks starten und senkrecht landen (»Short Take-Off and Vertical Landing« / STOVL).

Ein Prototyp der künftigen F-35 »Lightning II« bei der vertikalen Landung auf der »USS Wasp«. Das neue Mehrkampfflugzeug wird die bisher eingesetzte »Harrier« beim U.S. Marine Corps ablösen.

Die »Osprey« erfüllt die Anforderungen des U.S. Marine Corps nach einem schnellen und beweglichen Fluggerät für Truppenverlegungen und Nachschubtransporte. Darüber hinaus eignet sie sich für Rettungs- und Evakuierungseinsätze.

Als Ersatz für die Transporthubschrauber CH-53 und CH-46 sind Schwenkrotorflugzeuge vom Typ MV-22 »Osprey« vorgesehen. Diese kann durch ihren Kipprotor wahlweise wie ein Hubschrauber vertikal starten bzw. landen (»Vertical Take-Off and Landing« / VTOL) oder wie ein Flugzeug von kurzen Startbahnen (oder Flugdecks) abheben oder auf diesen aufsetzen (»Short Take-Off and Landing« / STOL). In senkrechter Triebwerksstellung erzeugen die Propeller die entsprechende Menge an Auftrieb für Start und Landung. Um wie ein Flugzeug zu fliegen, schwenken die Propeller nach vorne in eine Stellung von 90 Grad. Für primär offensive amphibische Operationen kann jedes Schiff der »Wasp«-Klasse auch bis zu 42 CH-46 »Sea-Knight«-Hubschrauber tragen. Bei Missionen oder Kampfeinsätzen auf dem offenen Meer (»Sea Control«) ist der Betrieb von 20 bis 24 »Harrier«-Flugzeugen und sechs SH-60 »Seahawk«-Hubschraubern zur U-Boot-Bekämpfung möglich.

Das Welldeck der »Tarawa«-Klasse kann drei »LCAC«-Luftkissenlandungsfahrzeuge (»Landing Craft Air Cushion«) oder zwei »LCU«-Landungsboote (»Landing Craft Utility«) aufnehmen. Alternativ können auch je ein »LCAC« und ein »LCU« oder stattdessen vierzig vollbewaffnete »AAV7«-Panzerfahrzeuge (»Assault Amphibious Vehicle«) Platz finden. Bei verringerter Ausrüstung bzw. Bewaffnung ist die »AAV«-Zahl auf bis zu 61 Einheiten erweiterbar. Jedes Schiff verfügt

über ein Lazarett mit einer Gesamtkapazität von mehr als 500 Betten sowie über sechs Operationssäle. Die Besatzung besteht aus rund 1.100 Männer und Frauen. Zudem befinden sich bis zu 2.000 Marine-Corps-Soldaten an Bord. Die Bewaffnung der Schiffe orientiert sich an der »Tarawa«-Klasse. So stehen für die Nahbereichsverteidigung (»Close-In Weapon System« / CIWS) gegen anfliegende Raketen oder Flugzeuge je zwei flugkörpergestützte Systeme der Typen RAM-116 RAM (»Rolling Air Frame Missile«) und RIM-7 »Sea Sparrow«, bis zu drei 20-mm-Kanonen vom Typ »Phalanx« sowie Maschinengewehre verschiedener Kaliber zur Verfügung.

Einsatzprofil und -geschichte

Wie ihr Vorgänger kommt auch die »Wasp«-Klasse vornehmlich im Rahmen der »Amphibious Ready Groups« (ARGs) zum Einsatz. Bei diesen Verbänden bildet das Angriffsschiff das Kernstück bei primär amphibischen Operationen in Form von (militärischen) Landungen an Küsten und Stränden. Amphibische Transportdockschiffe wie die »Whidbey-Island«- und »Harpers-Ferry«-Klasse oder die neuen Einheiten der »San-Antonio«-Klasse transportieren je nach Einsatzzweck zusätzliche Ausrüstungen und Truppen. Als Sicherung dienen Kreuzer der »Ticonderoga«-Klasse, Zerstörer der »Arleigh Burke«-Klasse sowie Jagd-U-boote der »Virginia«- oder »Los-Angeles«-Klasse. Bis zu ihrer Außerdienststellung im Jahre 2015 gehörten auch Fregatten der »Oliver Hazard Perry«-Klasse zu solchen Verbänden.

Die »Amphibious Ready Groups« transportieren eine oder mehrere »Marine Expeditionary Units« (MEUs) einschließlich Ausrüstung in Kriegs- oder Krisengebiete. Eine »MEU« besteht aus 2.200 Soldaten des U.S. Marine Corps, fünf M1-»Abrams«-Kampfpanzern, bis zu 25 AAVs, acht Haubitzen (M198) bis zu 68 Lastfahrzeugen und bis zu zwölf weiteren Hilfsfahrzeugen. Die Anlandung erfolgt durch die mitgeführten Luftkissenfahrzeuge, Landungsboote und Hub-

Schiffsklasse	»Wasp«
Name	»USS Wasp« (LHD-1); »USS Essex« (LHD-2); »USS Kearsage« (LHD-3); »USS Boxer« (LHD-4); »USS Bataan« (LHD-5); »USS Bonhomme Richard« (LHD-6); »USS Iwo Jima« (LHD-7); »USS Makin Island« (LHD-8)
Bauwerft	Ingalls Shipbuilding, Pascagoula
Aktive Dienstzeit	»Wasp«: 29.07.89; »Essex«: 17.10.92; »Kearsage«: 16.10.93; »Boxer«: 11.02.95; »Bataan«: 20.09.97; »Bonhomme Richard«: 15.08.98; »Iwo Jima«: 30.06.01; »Makin Island«: 24.10.09
Standard-Verdrängung	ca. 28.200 tons
Einsatz-Verdrängung	ca. 40.650 tons (»Makin Island«: 41.772 tons)
Länge über alles	253,2 m
Breite über alles	ca. 31,8 m
max. Tiefgang	8,2 m
Antrieb	2 Dampfkessel, 2 Turbinen, 70.000 PS (»Makin Island«: 2 Gasturbinen)
Anzahl der Wellen	2
Geschwindigkeit	22-24 kn (je nach Quelle)
Reichweite	9.500 sm bei 20 kn
Bewaffnung	2 x RIM-7 »Sea Sparrow« Flugabwehr, 2 x RIM-116 »RAM«, 3 x »Phalanx«, 3 x 2,5-cm-Kanonen (LHD 5-8)
Luftfahrzeuge	bis zu 25 Hubschrauber oder bis zu vier AV-8A »Harrier«
Besatzung	1.060 sowie bis zu 1.900 Marines

schrauber. Zu den Einsatzgebieten der »Amphibious Ready Groups« zählten bisher der Irak im Rahmen der »Operation Iraqi Freedom« (2003), die Pirateriebekämpfung vor der somalischen Küste und in anderen Gewässern sowie wiederholt humanitäre Einsätze. Vor allem die Hub-

schrauber eignen sich für den Transport von Hilfsgütern wie Lebensmitteln und Medikamenten in Regionen, in denen durch Krieg oder Naturkatastrophen wie Hochwasser die Infrastruktur (Straßen und Brücken) zerstört oder unbenutzbar ist.

Beim Fluten des Welldecks senkt sich das Heck der »USS Essex« ab. Während die Vorgänger nach amphibischen Operationen benannt wurden, tragen die Schiffe der »Wasp«-Klasse die Namen von Flugzeugträgern aus dem Zweiten Weltkrieg.

»America«-Klasse

(1 fertiggestellte Einheit, weitere im Bau bzw. Planung)

Nachdem die U.S. Navy sich dagegen entschieden hatte, die aktive Dienstzeit der »Tarawa«-Klasse durch eine Grundüberholung im Rahmen des »Service Life Extension Program« zu verlängern, begann sie mit der Planung einer neuen Baureihe. Diese sollte entweder eine Neuentwicklung oder eine modifizierte Variante der »USS Makin Island« sein, der letzten Einheit der »Wasp«-Klasse. Da sich jene Klasse bewährt hatte und die Entwicklung eines komplett neuen Entwurfes zeit- und kostenintensiv sein würde, fiel die Wahl auf eine neue Schiffsklasse auf Basis der »USS Makin Island«.

Die Werft Ingalls Shipbuilding in Mississippi, die bereits die zwei vorangegangenen Generationen von amphibischen Angriffsschiffen für die U.S. Navy gebaut hat, erhielt auch den Auftrag für die Fertigung der neuen »America«-Klasse. Nach einigen Verzögerungen begann im Jahre 2009 der Bau des Typschiffes »USS America«. Dieses befindet sich nach einer ebenfalls verzögerten Fertigstellung seit 2014 im Dienst. Im gleichen Jahr begann die Fertigung des zweiten Schiffes der »USS Tripoli«. Die U.S. Navy erwägt, in den kommenden Jahren bis zu elf Einheiten der »America«-Klasse in Dienst zu nehmen.

Die Schiffe sind speziell auf den Betrieb des zukünftigen »Air Combat Element« (ACE) des U.S. Marine Corps ausgelegt. Dieses besteht aus der F-35B »Lightning II« (»Joint Strike Fighter« / JSF), der MV-22 »Osprey« sowie umfangreichen Ausrüstungs-, Wartungs- und Betankungskapazitäten. Weil gerade diese leistungsfähigen, vielfältig einsetzbaren und

Die »USS America« im Bau. Sie und die nachfolgende »USS Tripoli« verfügen über kein Welldeck.

Die »America«-Klasse stellt im Grunde eine leicht vergrößerte Variante der »USS Makin Island« (LHD-8) der »Wasp«-Klasse dar.

daher technisch komplexen Luftfahrzeuge einen auf sie zugeschnittenen Trägerschiffstyp erfordern, erwies sich die noch aus den 1970er Jahren stammende »Tarawa«-Klasse für ihren Betrieb als eher ungeeignet. Selbst bei einer aufwändigen Modernisierung bzw. Anpassung an das »Air Combat Element« wären die erforderlichen Kosten bei einer zu erwartenden Restdienstzeit von lediglich maximal fünfzehn Jahren nicht zu rechtfertigen gewesen. Aus diesem Grund hatte sich die U.S. Navy dafür entschieden, mit der »America«-Klasse komplett neue Schiffe bauen zu lassen, die voll kompatibel mit den neuen Luftfahrzeugen sind und bei einer erwarteten Dienstzeit von und 35 bis 40 Jahren als zukunftstauglich gelten. Die vorangegangene »Wasp«-Klasse wird nach einigen Modifikationen ebenfalls weitgehend kompatibel mit dem »Air Combat Element« sein, sodass die U.S. Navy in den kommenden Jahren über zwei zeitgemäße amphibische Angriffsschiffsklassen verfügen wird, welche die F-35B und die »Osprey« betreiben können. Gegenwärtig verfügt die »America«-Klasse über die bewährten Hubschraubertypen CH-53 »Sea Stallion«, MH-60S »Seahawk«, UH-1Y »Huey« und AH-1Z »Super-Cobra«. Nach der kompletten Einführung des »Air Combat Element« kann die Grundzusammensetzung aus zehn F-35Bs, zwölf

»Ospreys«, acht »SuperCobras«, vier »Sea Stallions« und vier »Seahawks« bestehen. Je nach Einsatzzweck kann diese variieren.

Im Gegensatz zu ihren beiden Vorgängern erhielten die beiden ersten Schiffe der neuen Klasse (»USS America« und »USS Tripoli«) kein Welldeck für die Aufnahme von amphibischen Fahrzeugen. Der Grund lag ursprünglich darin, dass sich das Einsatzprofil der »America«-Klasse auf den reinen Lufttransport bzw. -angriff oder die Funktion eines Kommandoschiffes beschränken sollte. Der Wegfall des Welldecks bedeutete so einen beträchtlichen Raumgewinn für die Einrichtungen der Luftfahrzeuge. Die Mitführung und der Einsatz zusätzlicher Landungsboote und -fahrzeuge sollten daher durch reine Transportschiffe oder durch die mit einem Welldeck ausgestattete »Wasp«-Klasse erfolgen. Somit erinnerte das Einsatzprofil der »America«-Klasse an jenes der »Iwo Jima«-Klasse, die in den 1950er Jahren bereits als reine amphibischen Angriffsschiffe der ersten Generation für Hubschrauber (wenn auch mit weitaus geringerer Einsatzfähigkeit) entwickelt worden waren. Im Jahre 2011 beschloss die U.S. Navy jedoch, die weiteren Einheiten der Klasse doch mit einem Welldeck zu versehen, um den Schiffen die Möglichkeit zu geben, sowohl Luft- als auch Amphibienfahrzeuge mitführen und einsetzen zu

Die »USS America« mit Luftfahtzeugen vom Typ MH-60S »Seahawk« (unten) und MV-22 »Osprey« (oben).

können. Da zum Zeitpunkt dieser Entscheidung der Bau der »USS America« (LHA-6) bereits weit fortgeschritten war, erfolgte ihre Fertigstellung ohne Welldeck. Da die Einbeziehung dieser Vorrichtung einen größeren Eingriff in die Gesamtkonstruktion des Schiffsentwurfs darstellte, erhielt auch die im Jahre 2012 bewilligte und 2014 in Bau gegebene »USS Tripoli« (LHA-7)

ebenfalls kein Welldeck. Beide Schiffe gelten daher als das erste Baulos mit der Bezeichnung »Flight 0«. Erst die dritte Einheit (LHA-8) wird als erster Vertreter des zweiten Bauloses »Flight 1« ein Welldeck sowie weitere Modifikationen einschließlich verkleinerter Einrichtungen für den Flugbetrieb erhalten.

Schiffsklasse	»America«
Name	»USS America« (LHA-6); »USS Tripoli« (LHA-7)
Bauwerft	Ingalls Shipbuilding, Pascagoula
Aktive Dienstzeit	»America«: 11.10.14; »Tripoli«: noch im Bau
Standard-Verdrängung	unbekannt
Einsatz-Verdrängung	43.745 tons
Länge über alles	257,3 m
Breite über alles	ca. 32,3 m
max. Tiefgang	7,9 m
Antrieb	2 Gasturbinen, 70.000 PS
Anzahl der Wellen	2
Geschwindigkeit	über 22 kn
Reichweite	ca. 9.500 sm bei 20 kn
Bewaffnung	2 x RIM-162 »Evolved Sea Sparrow«, 2 x RIM-116 »RAM«, 3 x »Phalanx«
Luftfahrzeuge	bis zu 28 Hubschrauber und zehn F-35B »Lightning II«
Besatzung	1.060 sowie bis zu 1.900 Marines

Eine MV-22 »Osprey« beim Landeanflug auf die »USS America«.

»Baltimore«-Klasse

(14 gebaute Einheiten)

Vor dem Zeiten Weltkrieg galt das Schlachtschiff als die schlagkräftigste Waffe, die eine Marine besitzen konnte. An zweiter Stelle stand der damals noch neue und weitgehend unerprobte Flugzeugträger. Der Kreuzer rangierte an dritter Stelle. Zu seinen Aufgaben zählten Handelsstörung, Seewegüberwachung, Aufklärung, Konvoibegleitschutz und die Bekämpfung kleinerer Schiffe bis zur Kreuzergröße. Sie sollten daher stärker als schnellere Gegner und schneller als stärkere Gegner sein.

Während des Krieges zeigte sich jedoch, dass sich der Flugzeugträger dank seiner Flugzeuge dem Schlachtschiff gegenüber hinsichtlich Schlagkraft und Einsatzreichweite als überlegen erwies und somit dessen Platz einnahm. Als Folge dieser Erkenntnis bauten die führenden Seemächte nach 1945 keine weiteren Schlachtschiffe und konzentrierten sich stattdessen auf die Entwicklung und Inbetriebnahme von neuen Flugzeugträgerklassen. Somit nahm der Kreuzer bei der Überwasserflotte den zweiten Platz – nach Trägern und amphibischen Angriffsschiffen – ein und behauptet diesen in der U.S. Navy bis heute. Da die USA als einzige Nation einige ihre Schlachtschiffe bis 1992 behielten, kamen diese zwischen 1950 und 1991 während der Krie-

ge in Korea, Vietnam und bei der »Operation Desert Storm« mit ihrer 40,6-cm-Artillerie primär für den Landzielbeschuss zum Einsatz. Oft teilten sie sich diese Rolle mit Kreuzern, die über eine Hauptbewaffnung von 20,3-cm- oder 15,2-cm-Geschützen verfügten.

Entwicklung der Lenkwaffenschiffe

Kurz nach dem Ende des Zweiten Weltkrieges begann die U.S. Navy mit der Entwicklung von schiffs- und U-Boot-gestützten Flugkörpersystemen. Diese sollten gegen gegnerische Seestreitkräfte sowie gegen Landziele zum Einsatz kommen. Im Vergleich zu den bisher verwendeten Artilleriebewaffnungen versprachen Flugkörper eine höhere Reichweite, eine größere Präzision sowie eine weniger personalintensive Bedienung. Als Erprobungsträger und Abschlussplattform baute die Marine das alte Schlachtschiff »USS Mississippi« (BB-41/AG-128) sowie einige andere Einheiten wie das Flugzeugmutterschiff »USS Norton Sound« (AV-11) oder U-Boote wie die »USS Cusk« (SSG-348) entsprechend um. Neben eigenen Entwürfen flossen in die Entwicklung von Flugkörpersystemen auch die Erkenntnisse ein, die das amerikanische Militär unter anderem bei seiner Erprobung mit erbeuteten deutschen Flugwaffen wie der Fieseler Fi-103 (»V1«) gesammelt hatte. Parallel erfolg-

Die »USS Boston« (CA-69) vor ihrem Umbau, als sie noch ihre hinteren Geschütze hatte.

Die »USS Boston« (CAG-1) nach ihrem Umbau zum Lenkwaffenkreuzer mit den Raketenstartern achtern.

te der Aufbau einer Flotte von Lenkwaffenschiffen. Zu diesem Zweck plante die U.S. Navy vorhandene Kreuzer umzubauen, da von diesen seit Kriegsende zahlreiche moderne Einheiten verschiedener Klassen in der Reserve vorhanden waren. Anfang der 1950er Jahre war mit der RIM-2 »Terrier« die erste seegestützte Boden-Luft-Rakete einsatzbereit.

Lenkwaffenkreuzer der »Boston«-Unterklasse

Zwei Schwere Kreuzer der aus vierzehn Einheiten bestehenden »Baltimore«-Klasse aus dem Zweiten Weltkrieg, »USS Boston« (CA-69) und »USS Canberra« (CA-70), wurden als erste Einheiten für den Umbau zu Lenkwaffenkreuzern ausgewählt. Während die Schiffe im Zuge dieser Modifikation ihre vorderen beiden 20,3-cm-Dreifachgeschütztürme behielten, erfolgte der Ausbau des dritten 20,3-cm-Turms sowie eines 12,7-cm-Doppelgeschützturms an achtern. Somit verringerte sich die Rohrzahl der 20,3-cm-Artillerie von neun auf sechs und die der 12,7-cm-Geschütze von zwölf auf zehn. Anstelle der entfernten Rohrwaffen fanden achtern nun zwei Doppelarmstarter für die RIM-2 »Terrier« Aufstellung. Die darunter liegenden Magazine konnten bis zu 144 Flugkörper aufnehmen. Zudem wurden die beiden bisherigen Schornsteine zu einem zusammengefasst und der alte Pfahlmast durch einen vierbeinigen Gittermast ersetzt, um vor allem die neue Elektronik für den Flugkörperbetrieb unterbringen zu können.

Nach dem Umbau erfolgte 1955/56 die Wiederindienststellung beider Schiffe. Als erste Lenkwaffenkreuzer weltweit bildeten sie nun die »Boston«-Klasse. Die »USS Boston« wurde zur »CAG-1« und ihr Schwesterschiff »USS Canberra« zur »CAG-2« umklassifiziert. Während die alte Bezeichnung »CA« einen Schweren Kreuzer mit Artillerie bezeichnete (»Cruiser Artillery«), stand das »CAG« für einen Schweren Kreuzer mit Artillerie und Lenkwaffen (»Cruiser Artillery Guided Missile«). Diese Benennung ergab sich, weil die nunmehrige »Boston«-Klasse über eine Mischbewaffnung in Form von Artillerie und Lenkwaffen verfügte. Somit konnten die Schiffe ihr altes Einsatzprofil (siehe oben) aufrechterhalten und darüber hinaus Raketen gegen Ziele in größerer Entfernung einsetzen. Da die 20,3-cm-Geschütze rund 27 Kilometer weit schießen konnten, stellte die RIM-2 »Terrier« mit ihrer Reichweite von maximal 32 Kilometern nur einen geringen Vorteil dar. Aus diesem Grund war die U.S. Navy bestrebt, den Aktionsradius ihrer Flugkörper schnellstmöglich zu vergrößern.

Die RIM-2 »Terrier« hatte eine Reichweite von bis zu 17 Seemeilen (32 Kilometern).

Schiffsklasse	»Baltimore«
Aktive Dienstzeit	1943 - 1980
Standard-Verdrängung	ca. 14.500 tons
Einsatz-Verdrängung	ca. 17.000 tons
Länge über alles	205,3 m
Breite über alles	21,6 m
max. Tiefgang	8,2 m
Antrieb	4 Dampfkessel, 4 Dampfturbinen, 120.000 PS
Anzahl der Wellen	4
Geschwindigkeit	33 kn
Reichweite	10.000 sm bei 15 kn (nach Umbau ca. 7000 sm)
Bewaffnung	»Baltimore«-Klasse: 9 x 20,3-cm-Geschütze; 6 x 12,7-cm; diverse Flak »Boston«-Klasse: 6 x 20,3-cm; 10 x 12,7-cm; 2 x Doppelstarter für »Terrier« »Albany«-Klasse: 2 x Doppelstarter für »Talos«; 2 x Einfachstarter für »Tartar«; 1 x Achtfachstarter für »ASROC«; 6 Torpedorohre; 2 x 12,7-cm-Geschütze
Besatzung	1580

Durch die rasante Entwicklung neuer Lenkwaffen und entsprechender Abwehrsysteme in den Folgejahren galt die RIM-2 »Terrier« in den 1960er Jahren als veraltet. Aus diesem Grund kam die »Boston«-Klasse während des Vietnamkrieges lediglich zum Feuerschutz anderer Seestreitkräfte zum Einsatz. 1968 klassifizierte die U.S. Navy die beiden Schiffe zu »CAs« (Schweren Kreuzern mit Artillerie). Zwei Jahre später erfolgte schließlich ihre Außerdienststellung mit anschließender Abwrackung. Etwa zur gleichen Zeit fand auch der Abbruch der nicht umgebauten »Baltimore«-Kreuzer statt.

Lenkwaffenkreuzer der »Albany«-Unterklasse

Da die Rumpfform der »Baltimore«-Klasse vielseitig einsetzbar war, fand sie auch beim Bau anderer Klassen Verwendung. Zu diesen zählten die drei Schweren Kreuzer der »Oregon-City«- sowie die drei vergrößerten Varianten der »Des Moines«-Klasse. Erstere waren fast identisch mit der »Baltimore«-Klasse und galten lediglich als ein leicht verbesserter Entwurf. Die »Des Moines«-Klasse hingegen erhielt als erste Kriegsschiffsbaureihe der Welt vollautomatische Geschütze. Obwohl beide Klassen noch während des Zweiten Weltkrieges in Bau gegeben

worden waren, erfolgte ihre Indienststellung erst ab 1946.

Nachdem zwei Einheiten der »Baltimore«-Klasse zu Lenkwaffenkreuzern der »Boston«-Klasse umgebaut worden waren, entschied sich die U.S. Navy zur Konvertierung weiterer Einheiten. Die Wahl fiel auf die »USS Columbus« (CA-74/CG-12) und »USS Chicago« (CA-136/CG-11) der ursprünglichen »Baltimore«-Klasse sowie auf die »USS Albany« (CA-123/CG-10) der leicht modifizierten »Oregon-City«-Klasse. Anders als bei der »Boston«-Klasse führte die U.S. Navy bei diesen drei Schiffen einen kostenintensiven Totalumbau durch. In dessen Rahmen erfolgte die komplette Entfernung der Aufbauten sowie der alten Bewaffnung. Da sie sich nun stark von der »Boston«-Klasse unterschieden, fasste die Marine sie unter der »Albany«-Klasse zusammen. Die Bezeichnung »CG« (»Cruiser Guided Missile«) wies die zwischen 1962 und 1964 in Dienst gestellte neue Baureihe als reine Flugkörperträger ohne großkalibrige Artilleriebewaffnung aus. Aufgrund der hohen Kosten strich die U.S. Navy den geplanten Umbau von drei weiteren Einheiten. Im Gegensatz zu ihren »Halbschwesterschiffen« der »Boston«-Klasse erhielt die »Albany«-Klasse

Die »USS Albany« (CG-10) nach ihrem Komplettumbau mit Raketenbewaffnung und neuen Aufbauten. (U.S. National Archives)

auf dem Vor- und dem Achterschiff je einen Doppelarmstarter für Boden-Luft-Raketen vom Typ RIM-8 »Talos«. Bei einer Reichweite von bis zu 185 Kilometern (je nach Ausführung) stellte diese auch nuklear bestückbare Waffe gegenüber der RIM-2 »Terrier« (32 Kilometer) einen beträchtlichen Fortschritt dar. Jedes Schiff konnte insgesamt 104 »Talos«-Raketen mitführen. Zudem verfügte die »Albany«-Klasse auf den Aufbauten über zwei Einzelstarter für den Abschuss von insgesamt 84 Raketen vom Typ RIM-24 »Tartar« zur Luft- und Seezielbekämpfung. Diese ähnelte hinsichtlich ihrer Eigenschaften und ihrer Reichweite von bis zu 32 Kilometern der RIM-2 »Terrier«. Zur U-Boot-Bekämpfung erhielten die Schiffe mittschiffs einen Achtfachstarter für Raketen vom Typ RUR-5 »ASROC« (»Anti-Submarine Rocket«) mit einer Reichweite von bis zu zehn Kilometern. Diese stellte eine Kombination aus U-Jagd-Torpedo und einer Rakete dar. Nach dem Abschuss flog die Waffe bis zu einem vorberechneten Punkt, an dem die Absprengung des Raketentriebsatzes erfolgte. Nachdem der Torpedo per Fallschirm auf die Wasseroberfläche getroffen war, löste sich der Schirm. Nach dem Abtauchen begann der Torpedo mit der eigenständigen Suche nach

einem Unterwasserziel. Optional war eine Version mit einem 10-Kilotonnen-Atomsprengkopf einsetzbar. Als zweite Maßnahme zur U-Boot-Bekämpfung waren zwei Dreifachtorpedorohre nahe des hinteren Schornsteins vorhanden. Zwei 12,7-cm-Geschütze rundeten die Bewaffnung ab. Da es auch Überlegungen gab, die Schiffe mit ballistischen Mittelstreckenraketen vom Typ UGM-27 »Polaris« auszurüsten, ließen die Ingenieure beim Umbau einen Bereich mittschiffs frei, um dort bei Bedarf die entsprechenden Startschächte installieren zu können. Die U.S. Navy entschied sich jedoch, die »Polaris« nur von U-Booten aus einzusetzen.

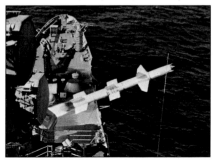

Start einer RIM-8 »Talos« von der »USS Chicago« (CG-11).

Die »USS Albany« feuert mehrere Raketen gleichzeitig ab.

Da die Sowjetische Marine während der 1960er bedeutende Fortschritte bei der Entwicklung von Anti-Schiffsraketen (Seezielflugkörpern) machte, musste die U.S. Navy darauf reagieren. Aus diesem Grund erhielten die »USS Albany« und die »USS Chicago« leistungsfähigere Leitsysteme für ihre »Talos«- und »Tartar«-Flugkörper zur Abwehr feindlicher Flugkörper und Flugzeuge. Aus Budgetgründen entfiel diese Kampfwertsteigerung auf der »USS Columbus«, sodass 1975 auch die Außerdienststellung des nunmehr bedingt verwendbaren Schiffes erfolgte. Ein Jahr später musterte die U.S. Navy auch die »Talos« auf allen Einheiten der U.S. Navy aus, sodass die beiden verbliebenen Kreuzer der »Albany«-

Klasse nur noch über das »Tartar«-System für den Ernstfall verfügten. In den späten 1970er Jahren waren diese jedoch erneut für eine aufwändige Modernisierung vorgesehen. In deren Rahmen sollten sie neue Raketensysteme der Typen »Standard Missile 1« und AGM-84 »Harpoon« sowie 20-mm-Kanonen vom Typ »Phalanx« (CIWS) erhalten. Weitere Modifikationen sahen eine Überholung der Maschinen sowie eine Aufwertung der Bordelektronik vor. Da die erforderlichen Mittel jedoch anderen Projekten zugeteilt wurden, kam eine erneute Modernisierung der veralteten Schiffe nicht zustande, sodass 1980 ihre Außerdienststellung und einige Jahre später ihre Abwrackung erfolgte.

Name	Bauwerft*	Indienststellung	Außerdienststellung
»USS Baltimore« (CA-68)	BSC	15.04.43	31.05.56
»USS Boston« (CA-69/CAG-1)	BSC	30.06.43	05.05.70
»USS Canberra« (CA-70/CAG-2)	BSC	14.10.43	16.02.70
»USS Quincy« (CA-71)	BSC	15.12.43	02.07.54
»USS Pittsburgh« (CA-72)	BSC	10.10.44	28.08.58
»USS Saint Paul« (CA-73)	BSC	17.02.45	05.05.71
»USS Columbus« (CA-74/CG-12)	BSC	08.06.45	31.01.75
»USS Helena« (CA-75)	BSC	04.09.45	29.06.63
»USS Bremerton« (CA-130/CG-13)	NYSC	29.04.45	29.07.60
»USS Fall River« (CA-131)	NYSC	01.07.45	31.10.47
»USS Macon« (CA-132)	NYSC	26.08.45	10.03.61
»USS Toledo« (CA-133)	NYSC	27.10.46	21.05.60
»USS Los Angeles« (CA-135/CG-11)	NYSC	22.07.45	15.11.63
»USS Chicago« (CA-136)	NYSC	10.01.45	01.03.80

* BSC: Bethlehem Steel Corporation, Massachusetts
NYSC: New York Shipbuilding Corporation, New Jersey

»Cleveland«-Klasse

(27 gebaute Einheiten)

Nach dem Umbau der Schweren Kreuzer der »Baltimore«-Klasse zu Lenkwaffenkreuzern entschied sich die U.S. Navy zu weiteren Konvertierungen, um möglichst schnell eine Flotte an Lenkwaffenschiffen aufbauen zu können. Die Wahl fiel auf die Leichten Kreuzer der »Cleveland«-Klasse, von der zwischen 1942 und 1946 insgesamt 27 Schiffe ihren Dienst aufnahmen. Weitere Einheiten dieser Baureihe wurden als Leichte Flugzeugträger der »Independence«-Klasse oder als modifizierte Leichte Kreuzer der »Fargo«-Klasse fertiggestellt.

Lenkwaffenkreuzer der »Galveston«-Unterklasse
Der Umbau von drei Einheiten der »Cleveland«-Klasse vollzog sich nach dem Vorbild der Baltimore«- bzw. »Boston«-Klasse. Die ausgewählten Schiffe waren die »USS Oklahoma City« (CL-91), »USS Little Rock« (CL-92) sowie die »USS Galveston« (CL-93). Da diese durch ihren Umbau zu Lenkwaffenkreuzern eine neue Klassifizierung erhielten, änderte sich ihre Bezeichnung von »CL« (»Cruiser Light«) in »CLG« (»Cruiser Light Guided Missile«). Da die »USS Galveston« (nun CLG-3) als erstes Schiff in die

Werft ging, fasste die U.S. Navy die drei Einheiten als »Galveston«-Klasse zusammen. Ursprünglich verfügten diese Schiffe jeweils über zwölf 15,2-cm-Geschütze in vier Dreifachtürmen, zwölf 12,7-cm-Geschütze in sechs Doppeltürmen sowie über zahlreiche 20-mm- und 40-mm-Flugababwehrwaffen. Während des Umbaus erfolgte auf allen drei Schiffen die Entfernung der beiden achteren 15,2-cm-Türme und der Flak sowie der Einbau eines Doppelarmstarters für radargeleitete Luftabwehrraketen vom Typ RIM-8 »Talos«. Während auf der »USS Galveston« die beiden 15,2-cm-Geschütze auf dem Vorschiff erhalten blieben, wurde der zweite Turm auf ihren beiden Schwesterschiffen zugunsten einer größeren Brücke entfernt. Die »USS Little Rock« und die »USS Oklahoma City« enthielten vor allem Stabsräume, um sie auch als Flottenflaggschiffe mit dem dazugehörigen Personal verwenden zu können. Von den ursprünglich zwölf 12,7-cm-Geschützen blieben auf der »USS Galveston« sechs (in drei Doppeltürmen) und zwei auf den anderen Einheiten (ein Doppelturm vor der Brücke) erhalten. Die drei umgebauten Schiffe nahmen ihren Dienst zwischen 1958 und 1960 auf.

Die »USS Cleveland« (CL-55), das Typschiff der Klasse, als reiner Artilleriekreuzer 1942.

Die »USS Little Rock« (CLG-4) der »Galveston«-Klasse nach dem Umbau. Heute ist sie ein Museumsschiff in Buffalo, New York. Oben: Der »Talos«-Starter auf der »USS Little Rock«. Dahinter befinden sich die beiden Leitradare für die zwei Raketen und darüber das Luftraumsuchradar.

Lenkwaffenkreuzer der »Providence«-Unterklasse

Zusätzlich zu den oben genannten drei Einheiten mit dem »Talos«-Raketensystem erfolgte der Umbau von drei weiteren Schiffen der »Cleveland«-Klasse zu Lenkwaffenkreuzern. Die U.S. Navy fasste die »USS Providence« (CL-82), »USS Springfield« (CL-66) und »Topeka« (CL-67) als »Providence«-Klasse (CLG- 6 bis CLG-8) zusammen. Der Unterschied bestand darin, dass sie anstelle der »Talos« die RIM-2 »Terrier« erhielten. Ähnlich wie bei der »Galveston«-Klasse erfolgte auf der »USS Providence« und der »USS Springfield« eine Vergrößerung der Brücke zur Schaffung von Stabsräumen, um sie ebenfalls als Flaggschiffe einsetzen zu können. Zur Platzgewinnung erfolgte die Entfernung des bisherigen zweiten 15,2-cm-Dreifachturms, an dessen Stelle der bisher dahinter platzierte kleinere 12,7-cm-Doppelturm trat. Da die »USS Topeka« von dieser Maßnahme ausgenommen war, behielt sie ihre beiden vorderen 15,2-cm-Türme. Die Indienststellung der Klasse erfolgte 1959/60. Die schweren Raketenstarter machten die Schiffe beider Klassen toplastig und verursachten so

vor allem bei schwerer See Stabilitätsprobleme. Die »Galveston«-Klasse litt stärker unter dieser Unzulänglichkeit, da ihre »Talos«-Bewaffnung beträchtlich schwerer war als die leichtere »Terrier« auf der »Providence«-Klasse. Verschiedene Maßnahmen zur Gewichtsumverteilung bzw. Schwerpunktänderung reduzierten diese Schwachstelle. Aufgrund ihrer Mischbewaffnung in Form von Artillerie und Flugkörpern kamen die Einheiten der beiden Klassen während des Vietnamkrieges zum Einsatz. Mit ihren Geschützen unterstützten sie Landungsoperationen oder beschossen Landziele, mit ihrer Flugkörperbewaffnung beschützten sie die eigenen Träger- und Überwasserkampfgruppen. Die nicht umgebauten Einheiten der ursprünglichen »Cleveland«-Klasse wurden in den 1950er und -60er Jahren abgewrackt. Zwischen 1970 und 1980 erfolgte die Außerdienststellung aller Einheiten beider Klassen, da unter anderem eine Modernisierung auf neue Flugkörpersysteme zu kostenintensiv erschien. 1975 änderte die U.S. Navy die bisherige Bezeichnung der Schiffe von »CLG« auf »CG« (»Cruiser Guided Missile«). Dies geschah im Rahmen einer allge-

Schiffsklasse	»Cleveland«
Aktive Dienstzeit	1942 - 1979
Standard-Verdrängung	11.744 tons
Einsatz-Verdrängung	14.131 tons
Länge über alles	185,4 m
Breite über alles	19 m
max. Tiefgang	7,6 m
Antrieb	4 Dampfkessel, 4 Dampfturbinen, 100.000 PS
Anzahl der Wellen	4
Geschwindigkeit	32,5 kn
Reichweite	14.500 sm bei 15 kn
Bewaffnung	»Cleveland«-Klasse: 12 x 15,2-cm-Geschütze; 12 x 12,7-cm; diverse Flak »Galveston«-Klasse: 3 x 15,2-cm-Geschütze; 2 x 12,7-cm (»USS Galveston«: 6 x 15,2-cm; 6 x 12,7-cm), 1 x Doppelarmstarter für »Talos« »Providence«-Klasse: 3 x 15,2-cm-Geschütze; 2 x 12,7-cm (»USS Topeka«: 6 x 15,2-cm; 6 x 12,7-cm), 1 x Doppelarmstarter für »Terrier«
Besatzung	ca. 1255

meinen Umklassifizierung einiger Schiffsklassen, um diese besser mit den entsprechenden Gegenstücken der Sowjetischen Marine vergleichen zu können.

Nach ihrer Streichung aus dem Flottenregister wurde die »USS Galveston« in den 1970er Jahren abgewrackt und die »Oklahoma City« als Zielschiff 1999 versenkt. Die »USS Little Rock« ist seit 1977 als schwimmendes Museum im »Buffalo and Erie County Naval & Military Park« im Bundesstaat New York erhalten. Die Abwrackung der »Providence«-Klasse erfolgte nach 1980.

Der Doppelarmstarter für die RIM-2 »Terrier« auf der »USS Springfield« (CLG-7).

Die »USS Topeka« (CLG-8) behielt nach ihrem Umbau ihre zwei vorderen 15,2-cm-Geschütze.

Name	Bauwerft*	Indienststellung	Außerdienststellung
»USS Columbia« (CL-56)	NYSC	29.07.42	30.11.46
»USS Montpelier« (CL-57)	NYSC	09.09.42	24.01.47
»USS Denver« (CL-58)	NYSC	15.10.42	07.02.47
»USS Amsterdam« (CL-59)	NYSC	als Leichter Träger »USS Independence« (CVL-22) fertiggestellt	
»USS Santa Fe« (CL-60)	NYSC	24.11.42	29.10.46
»USS Tallahassee« (CL-61)	BYSC	als Leichter Träger »USS Princeton« (CVL-23) fertiggestellt	
»USS Birmingham« (CL-62)	NNS	29.01.43	02.02.47
»USS Mobile« (CL-63)	NNS	24.03.43	09.05.47
»USS Vincennes« (CL-64)	BSC	21.01.44	10.09.46
»USS Pasadena« (CL-65)	BSC	08.06.44	12.01.50
»USS Springfield« (CL-66/CLG-7)	BSC	09.09.44	30.09.49
»USS Topeka« (CL-67/CLG-8)	BSC	23.12.44	18.06.49
»USS New Haven« (CL-76)	NYSC	als Leichter Träger »USS Belleau Wood« (CVL-24) fertiggestellt	
»USS Huntington« (CL-77)	NYSC	als Leichter Träger »USS Cowpens« (CVL-25) fertiggestellt	
»USS Dayton« (CL-78)	NYSC	als Leichter Träger »USS Monterey« (CVL-26) fertiggestellt	
»USS Wilmington« (CL-79)	NYSC	als Leichter Träger »USS Cabot« (CVL-28) fertiggestellt	
»USS Biloxi« (CL-80)	NYSC	31.08.43	29.08.46
»USS Houston« (CL-81)	NNS	20.12.43	15.12.47
»USS Providence« (CL-82/CLG-6)	BSC	15.05.45	31.08.73
»USS Manchester« (CL-83)	BSC	29.10.46	27.06.56
»USS Buffalo« (CL-84)	FSDC	1940 storniert	
»USS Fargo« (CL-85)	NYSC	als Leichter Träger »USS Langley« (CVL-27) fertiggestellt	
»USS Vicksburg« (CL-86)	NNS	12.06.44	30.06.47
»USS Duluth« (CL-87)	NNS	18.09.44	25.06.49
»USS Newark« (CL-88)	FSDC	1940 storniert	
»USS Miami« (CL-89)	WCSS	28.12.43	30.06.47
»USS Astoria« (CL-90)	WCSS	17.05.44	01.07.49
»USS Oklahoma City« (CL-91/CLG-5)	WCSS	22.12.44	15.12.79
»USS Little Rock« (CL-92/CLG-4)	WCSS	17.06.45	22.11.76
»USS Galveston« (CL-93/CLG-3)	WCSS	28.05.58	05.05.70
»USS Youngstown« (CL-94)	WCSS	1945 storniert	
»USS Buffalo« (CL-99)	NYSC	als Leichter Träger »USS Bataan« (CVL-29) fertiggestellt	
»USS Newark« (CL-100)	NYSC	als Leichter Träger »USS San Jacinto« (CVL-30) fertiggestellt	
»USS Amsterdam« (CL-101)	NNS	08.01.45	30.06.47
»USS Portsmouth« (CL-102)	NNS	25.06.45	15.06.49
»USS Wilkes-Barre« (CL-103)	NYSC	01.07.44	09.10.47
»USS Atlanta« (CL-104)	NYSC	03.12.44	01.07.49
»USS Dayton« (CL-105)	NYSC	07.01.45	01.03.49

* NYSC: New York Shipbuilding Corporation, New Jersey; NNS: Newport News Shipbuilding and Dry Dock Company, Virginia; BSC: Bethlehem Steel Corporation, Massachusetts; FSDC: Federal Shipbuilding and Drydock Company, New Jersey; WCSS: William Cramp & Sons Shipbuilding Company, Pennsylvania

»USS Long Beach«

(Einzelschiff)

Parallel zu der Aufrüstung vorhandener Schiffe mit Flugkörpersystemen erfolgte in den 1950er Jahren auch die Entwicklung reiner Lenkwaffenträger. Die U.S. Navy benötigte einen Kreuzer mit einer schlagkräftigen und vielseitigen Raketenbewaffnung, um die zukünftigen atombetriebenen Flugzeugträger vor Luftangriffen und U-Boot-Attacken beschützen zu können. Um mit diesen hinsichtlich Geschwindigkeit und Seeausdauer mithalten zu können, sollte der neue Kreuzerentwurf ebenfalls einen Atomantrieb erhalten. Nach der Bewilligung des Budgets für den Bau eines einzelnen Schiffes erfolgte zunächst die Klassifizierung als »CLGN-160« (»Cruiser Light Guided Missile Nuclear«). 1957 änderte die U.S. Navy aufgrund der hohen Verdrängung von mehr als 17.000 tons die Bezeichnung in »CGN-160«. Da die zu Lenkwaffenkreuzern umgebauten Schiffe jedoch einen neuen Typ von Kriegsschiff darstellten, erhielten diese eine neue Baunummerierung, die mit »CG-1« (»USS Boston«) begann und bei »CG-8« (»USS Topeka«) endete. Um den neuen Lenkwaffenkreuzer als neunte Einheit in diese Gruppe einzubeziehen, bekam er die Bezeichnung »CG-9«. Ursprünglich sollte das Schiff »USS Brooklyn« heißen, doch dann fiel die Entscheidung für den Namen »USS Long Beach«. Die Kiellegung erfolgte im Dezember 1957, die Indienststellung fand fast vier Jahre später – im September 1961 – statt.

Antrieb

Die »USS Long Beach« erhielt als erstes Überwasserkriegsschiff der Welt einen Atomantrieb. Dieser bestand aus zwei »C1W«-Kernreaktoren des Herstellers Westinghouse. Diese erzeugten durch das Erhitzen von Wasser den Dampfdruck für den Betrieb von zwei Turbinen. Jede von diesen trieb eine Welle an. Bei einer Gesamtleistung von 80.000 PS betrug die Höchstgeschwindigkeit mehr als dreißig Knoten bei einer nahezu unbegrenzten Reichweite. Als Notantrieb war ein Dieselmotor vorhanden. Zwischen 1966 und 1983 erfolgten insgesamt vier Reaktorneubefüllungen.

Bewaffnung und Einsatzprofil

Die Bewaffnung auf dem Vorschiff bestand aus zwei Doppelarmstartern für Luftabwehrraketen vom Typ RIM-2 »Terrier«. Deren beiden Magazine fassten insgesamt 120 Flugkörper. Auf dem Achterschiff befand sich bis in die späten 1970er Jahre ein Doppelstarter für die RIM-8 »Talos« mit einem Vorrat von 46 Raketen. Da die »USS Long Beach« über keinerlei Rohrwaffen zur Selbstverteidigung gegen bewaffnete Schnellboote verfügte, erhielt sie 1962/63 mittschiffs zwei 12,7-cm-Geschütze. Je nach Quelle soll dieser Einbau auf Befehl von Präsident John F. Kennedy erfolgt sein, da dieser als ehemaliger Marineoffizier des Zweiten Weltkrieges auf eine artilleristische Grundbewaffnung bestand. 1983 erhielt das Schiff zudem zwei 20-mm-»Phalanx«-Nahverteidigungskanonen (CIWS) zur Luftabwehr.

Die »USS Long Beach« war sowohl der erste Nachkriegsentwurf für einen Kreuzer als auch für ein Raketenschiff. Zudem erhielt sie als erstes Überwasserkriegsschiff der Welt einen Atomantrieb.

Der unverwechselbare kastenartige Brückenaufbau mit seinen senkrecht angebrachten großen Radar-Flächenantennen. Der Aufbau ähnelt dem des Trägers »USS Enterprise« (CVN-65).

Der offene Bereich hinter dem kastenförmigen Brückenaufbau sollte bei Bedarf die Installation weiterer Raketensysteme ermöglichen. Für diesen Zweck waren Startvorrichtungen für den Marschflugkörper »Regulus II« und später acht Startschächte für die ballistische »Polaris« vorgesehen. So hätte die »USS Long Beach« mit starken Luftabwehrwaffen auch als allein operierende Startplattform für Atomraketen zum Einsatz kommen können. Da das Schiff jedoch als Schutz für Trägerkampfgruppen diente und somit defensiv ausgerichtet war, erhielt es keine dieser Offensivwaffen. Neben der Abwehr von feindlichen Flugkörpern und Flugzeugen zum Schutz der eigenen Trägerkampfgruppen sollte die »USS Long Beach« auch U-Boote aufspüren und bekämpfen können. Zu diesem Zweck erhielt sie eine »SQS-23«-Bugsonaranlage, einen »ASROC«-Starter sowie auf jeder Seite je drei Unterwassertorpedorohre auf Höhe der Brücke. Im Gegensatz zu den bisherigen Schweren und Leichten Kreuzern der U.S. Navy verfügte

die »USS Long Beach« über keine nennenswerten Panzerungen. Die Besatzung bestand aus rund 1.160 Mann.

Nach dem Ausbau der »Talos«-Starter in den späten 1970er Jahren erhielt das Schiff wenig später zwei Startvorrichtungen für je vier Antischiffslenkwaffen vom Typ AGM-84 »Harpoon«. In den 1980er Jahren erfolgte zudem der Einbau von zwei Startern für insgesamt acht Marschflugkörper vom Typ BGM-109 »Tomahawk«. Beide Vorrichtungen waren auf See nicht nachladbar. Mit diesen Waffensystemen erhielt die »USS Long Beach« dennoch jene Offensivschlagkraft für Einzeloperationen (»Strike Cruiser«), die ihr einst zugedacht war. Ein markantes Alleinstellungsmerkmal des Kreuzers ist sein kastenförmiger Brückenaufbau. Die Ingenieure wählten diese Form, um die großen Flächenantennen für das Radarsystem »SPS-32/33« in senkrechter Position an den Flanken des Brückenaufbaus anbringen zu können.

Einsatzgeschichte
Nach ihrer Erprobung fuhr die »USS Long Beach« im April 1964 ins Mittelmeer, wo sie zusammen mit der »USS Enterprise« (CVN-65), der »USS Bainbridge« (DLGN-25) und dem U-Boot »USS Seawolf« (SSN-575) den ersten atombetriebenen Verband der Welt mit der Bezeichnung »Nuclear Task Force One« bildete. Ab dem 31. Juli 1964 umrundete die Kampfgruppe nach dem Verlassen der »USS Seawolf« die Erde ohne Versorgung von außen innerhalb von 58 Tagen (»Operation Sea Orbit«). Bei dieser Demonstration der Vorteile der Atomkraft in Form einer nahezu unbegrenzten Reichweite legten die Schiffe rund 30.000 Seemeilen (ca. 56.000 Kilometer) bei einer Durchschnittsgeschwindigkeit von rund 25 Knoten zurück. Zwischen 1966 und 1975 kam die »USS Long Beach« während des Vietnamkriegs zu insgesamt sechs Einsätzen. Bei diesen diente sie im Golf von Tonkin zur Leitung der eigenen Luftstreitkräfte, zur radargestützten Luftraumüberwachung sowie zur Rettung abgeschossener

Die modernisierte »USS Long Beach« nach der Entfernung der großen Flächenantennen nach 1983. Neue Drehradare auf den beiden Masten (»SPS-48/49«) übernahmen nun die Rundumerfassung.

Piloten. Als ihre »Talos«-Flugkörper im Jahre 1968 zwei nordvietnamesische MiG-Flugzeuge in der Luft zerstörten, waren dies die beiden ersten Abschüsse feindlicher Luftfahrzeuge von einem amerikanischen Kriegsschiff durch Raketenbeschuss. 1980 konnte die »USS Long Beach« vor der Küste Vietnams (je nach Quelle) 118 vietnamesische Bootsflüchtlinge, sogenannte »Boat People«, retten. Während der »Operation Desert Storm« 1991 kam der Kreuzer erneut als Unterstützungsschiff zum Einsatz. Ab dem folgenden Jahr half die »USS Long Beach« bis zu ihrer Außerdienststellung 1995 bei der Bekämpfung des internationalen Drogenschmuggels (»Underway Counter Narcotic Patrols«).

Zunächst erwog die U.S. Navy, das Schiff mit dem neuen »AEGIS«-System auszustatten. Dieses hätte jedoch eine aufwändige Anpassung der Aufbauten erfordert. Für den Umbau fehlte wegen der Kürzungen nach der »Operation Desert Storm« das Budget. Zudem galten die atombetriebenen Überwasserschiffe mit Ausnahme der Träger inzwischen als zu teuer. Daher erfolgte deren schrittweise Außerdienststellung nach Verbrauch der vorhandenen Brennstäbe. Eine kostenintensive Auffüllung fand daher nicht mehr statt. An die Stelle der Atomkreuzer traten die »Ticonderoga«-Klasse und die »Arleigh Burke«-Zerstörer, da diese für das »AEGIS«-System entwickelt worden waren. Nach der Ausmusterung der »USS Long Beach« 1994 erfolgte die Entfernung der Waffen, Aufbauten und Reaktoren. 2012 ersteigerte eine Abwrackfirma den Rumpf.

Schiffsklasse	»Long Beach« (Einzelschiff)
Bauwerft	Bethlehem Steel, Quincy, Massachusetts
Aktive Dienstzeit	09.09.61 - 01.05.95
Standard-Verdrängung	unbekannt
Einsatz-Verdrängung	17.350 tons
Länge über alles	219,8 m
Breite über alles	21,8 m
max. Tiefgang	ca. 10,8 m
Antrieb	2 Druckwasserreaktoren, 2 Turbinen, 80.000 PS
Anzahl der Wellen	2
Geschwindigkeit	mehr als 30 kn
Reichweite	nahezu unbegrenzt
Bewaffnung	2 x Doppelarmstarter für »Terrier«; 1 x Doppelstarter für »Talos«, 1 x Achtfachstarter für »ASROC«, 2 x 12,7-cm-Geschütze, 6 x Torpedorohre Bei Modernisierung Ausbau des »Talos«-Starters und Einbau von 2 x »Phalanx«; 8 x »Harpoon«; 8 x »Tomahawk«
Besatzung	1160

»Leahy«-Klasse

(9 gebaute Einheiten)

Parallel zum Umbau der vorhandenen Einheiten der »Baltimore«-Klasse zu Lenkwaffenkreuzern der »Boston«- und »Albany«-Klasse legte die U.S. Navy auch neue Schiffe auf Kiel. 1959 erfolgte der Baubeginn der »Leahy«-Klasse, von der bis 1964 insgesamt neun Einheiten ihren Dienst aufnahmen. Während diese jeweils mit zwei Dampfturbinen ausgestattet waren, erhielt ein zehntes Schiff, die »USS Bainbridge« (DLGN-25), als einziges einen Atomantrieb (siehe »USS Bainbridge«).

Bei ihrer Indienststellung waren die Schiffe der »Leahy«-Klasse zunächst als »Destroyer Leader Guided Missile« (»DLG«), also als vergrößerte Lenkwaffenzerstörer (Führungszerstörer) für Befehlshaber von Zerstörerverbänden, klassifiziert. In der Praxis bezeichnete die U.S. Navy die Schiffe jedoch häufig als sogenannte »Large Frigates«. Diese parallel verwendeten Bezeichnungen erschwerten eine genaue Festlegung bzw. Abgrenzung der einzelnen amerikanischen Schiffsklassen und somit einen Vergleich mit möglichen Gegenstücken in der Sowjetischen Marine. Zur Vereinfachung erfolgte 1975 daher eine Umklassifizierung zu Kreuzern (CG). Die neue Baureihe wies zwei Neuerungen im Kriegsschiffbau auf. Die erste war die Kombination von Masten und Schornsteinen zu einem Element. Diese erhielt die Bezeichnung »Mack« und setzte sich aus den Begriffen »Mast« und »Stack« (Schornstein) zusammen. Die zweite Neuerung war die sogenannte »Double-End«-Anordnung, die die Aufstellung von je einem Raketenstarter auf dem Vor- und dem Achterschiff vorsah.

Bewaffnung und Einsatzprofil

Das Haupteinsatzprofil der »Leahy«-Klasse beinhaltete – zusammen mit Zerstörern, Fregatten und U-Booten – den Schutz von Trägerkampfgruppen. Daher waren die Einheiten der Baureihe als Mehrzweckschiffe primär für zwei

Start eines »ASROC«-Raketentorpedos von der »USS England« (CG-22). Die »Leahy«-Klasse erhielt sog. »Macks« zur Unterbringung der immer umfangreicher werdenden Elektronik für Aufklärung und Feuerleitung.

Die »USS England« 1992. Es gab weder einen Hangar noch eine Hubschrauberplattform. Über Bug und Heck konnte lediglich ein schwebender Helikopter seine Fracht hinablassen (»Vertical Replenishment« / VERTREP).

Aufgaben ausgelegt: Luftabwehr (»Anti-War-Warfare« / AAW) und U-Jagd (»Anti-Submarine-Warfare« / ASW). Bei der Indienststellung bestand die Luftabwehrbewaffnung aus zwei Doppelarmstartern für die RIM-2 »Terrier« und vier 7,6-cm-Geschützen in zwei Doppelbatterien achtern für den Beschuss von Unterschallflug-zeugen. Im Rahmen wiederholter Modernisie-rungen erfolgte ab 1980 ein Austausch durch leistungsfähigere »Standard-Missile«-Flugkörper zur vorrangigen Luftzielbekämpfung mit größe-ren Reichweiten (»ER« für »Extended Range«) von bis zu 185 Kilometern.

Die Entwicklung der »SM-1« (»Standard Missile 1«) erfolgte in den 1960er Jahren, um die »Ter-rier«- und »Tartar«-Rakete aus dem vorherigen Jahrzehnt auf den Schiffen der U.S. Navy zu ersetzen. Ihr erster Einsatz in großen Stückzah-len fand während des Vietnamkrieges statt. Die Formgebung der »SM-1« orientierte sich an ihren Vorgängern, um ohne großen Zusatzauf-wand kompatibel mit den vorhandenen Startvor-richtungen und Magazinen zu sein. Die »SM-2« (»Standard Missile 2«) entstand während der 1970er Jahre. Sie wurde zum Bestandteil des neuen Warn- und Feuerleitsystems vom Typ

Schiffsklasse	»Leahy«
Aktive Dienstzeit	1962 - 1995
Standard-Verdrängung	ca. 6.070 tons
Einsatz-Verdrängung	7.800 - 8.200 tons
Länge über alles	162,5 m
Breite über alles	16,8 m
max. Tiefgang	7,9 m
Antrieb	4 Dampfkessel, 2 Dampfturbinen, 85.000 PS
Anzahl der Wellen	2
Geschwindigkeit	32 kn
Reichweite	8.000 sm bei 14 kn
Bewaffnung	Bei Indienststellung: 2 x Doppelarmstarter für »Terrier«; 4 x 7,6-cm-Geschütze; 1 x Achtfachstarter für »ASROC«; 6 x Torpedorohre Bei Modernisierung Ausbau der 7,6-cm-Geschütze und Einbau von 2 x »Phalanx«; 8 x »Harpoon«; Doppelarmstarter nun »SM«-tauglich
Besatzung	451

»AEGIS«, welches ab 1983 erstmalig auf den Kreuzern der »Ticonderoga«-Klasse sowie zur Kampfwertsteigerung vorhandener Raketensysteme (»New Threat Upgrade« / NTU) zum Einsatz kam. Beide Raketen suchen ihr Ziel semiaktiv, sodass ein Feuerleitradar dieses im Endanflug markieren (beleuchten) muss. Neuere Varianten wie die »SM-6« (»Standard Missile 6«) funktionieren daher nach dem voll-aktiven »Fire-and-Forget«-Prinzip. Dieses steuert die Rakete völlig autonom zum Ziel.

Da die 7,6-cm-Geschütze zu langsam für die Kampfflugzeuge und Raketen der 1980er Jahre waren, wurden sie durch zwei 20-mm-Kanonen vom Typ »Phalanx« in den achteren Aufbauten ersetzt. Zur U-Boot-Bekämpfung verfügte die »Leahy«-Klasse über einen Starter für acht »ASROC«-Raketentorpedos und sechs Decktorpedorohre in zwei Dreiergruppen mittschiffs auf beiden Seiten. 1980 erhielten die Schiffe zudem achtern je zwei zusätzliche Vierfachstarter für Antischiffsraketen vom Typ AGM-84 »Harpoon«. Diese Waffe erweiterte das Einsatzprofil der Klasse, da es nun auch den Einsatz gegen feindliche Seestreitkräfte ermöglichte. Darüber hinaus waren die Schiffe auch als Führungs- oder Flaggschiffe für Zerstörer- und andere klei-

nere Kampfverbände einsetzbar. Der Antrieb erfolgte durch zwei Dampfturbinen. Bei einer Gesamtleistung von 85.000 PS betrug die Höchstgeschwindigkeit rund 34 Knoten. Die Schiffe mussten hohe Geschwindigkeiten von mehr als dreißig Knoten auch über einen längeren Zeitraum aufrechterhalten können, um mit Flugzeugträgern auch während der Start- und Landephasen von Flugzeugen mithalten zu können. Die maximale Reichweite lag bei beachtlichen 8.000 Seemeilen (knapp 15.000 Kilometern) bei einer Marschfahrt von vierzehn Knoten.

Einsatzgeschichte

Während des Vietnamkrieges kam die »Leahy«-Klasse im Golf von Tonkin im Südchinesischen Meer zum Schutz der eigenen Flugzeugträger zum Einsatz. Während die Luftfahrzeuge der Träger Missionen gegen nordvietnamesische Luft- und Bodenziele flogen, sollten die Lenkwaffenschiffe feindliche Luftangriffe abwehren. Bei den Kämpfen wurde die »USS Worden« am 16. April 1972 das Opfer von »Friendly Fire« durch ein US-Kampfflugzeug: Als eine Luft-Boden-Rakete vom Typ AGM-45 »Shrike« das Schiff versehentlich traf, kam ein Besatzungsmitglied um Leben. Weitere neun erlitten Verletzungen. 1975 besuchten die »USS Leahy« und der Zerstörer »USS Tattnall« das sowjetische Leningrad (heute St. Petersburg). Dies war der erste Aufenthalt von US-Schiffen in der UdSSR seit dem Zweiten Weltkrieg. In fünf Tagen zählte die »USS Leahy« mehr als 12.000 Besucher. Ihre Besatzung besuchte lokale Veranstaltung sowie das berühmte Mariinski-Ballett. Am 30. Oktober 1989 warf eine F/A »Hornet« südlich von der Insel Diego Gracia im Indischen Ozean versehentlich eine Bombe auf die »USS Reeves«. Der Treffer am Bug verursachte ein Feuer und verletzte fünf Besatzungsmitglieder. Während der 1980er Jahre dienten Einheiten der »Leahy«-Klasse als Eskortschiffe im Persischen Golf, als die U.S. Navy kuwaitische Öltanker vor iranischen Angriffen während des Iran-Irak-Krieges (1980-88) beschützte (»Operation Ernest Will«). Ein weiterer Einsatz in diesen Gewässern erfolgte 1990/91 zum Schutz der Trägerkampfgruppen im Rahmen der »Operation Desert Storm«, als die USA mit ihren Verbündeten Kuwait von der irakischen Besatzung befreite. Als die NATO während und nach dem Bosnienkrieg in den 1990er Jahren eine

Die zwei Dampfturbinen leisteten zusammen 85.000 PS und ermöglichten eine Höchstgeschwindigkeit von 32 Knoten.

Flugverbotszone über Bosnien-Herzegowina durchsetzte, konnte dies zum Teil nur mit Flugzeugträgern erfolgen. Während dieser »Operation Deny Flight« diente die »Leahy«-Klasse zum letzten Mal in ihrer Rolle als Trägereskorte. Zwischen 1993 und 1995 erfolgte die Außerdienststellung aller neun Einheiten. Während vier Einheiten bei Waffentests und Manövern als Übungsziele versenkt wurden, wurden die übrigen fünf abgewrackt.

Name	Bauwerft*	Indienststellung	Außerdienststellung
»USS Leahy« (CG-16)	BIW	04.08.62	01.10.93
»USS Harry E. Yarnell« (CG-17)	BIW	02.02.63	29.10.93
»USS Worden« (CG-18)	BIW	03.08.63	01.10.93
»USS Dale« (CG-19)	NYSC	23.11.63	27.09.94
»USS Richmond K. Turner« (CG-20)	NYSC	13.06.64	13.04.95
»USS Gridley« (CG-21)	LSCS	25.05.63	21.01.94
»USS England« (CG-22)	TS	07.12.63	21.01.94
»USS Halsey« (CG-23)	SFNY	20.07.63	28.01.94
»USS Reeves« (CG-24)	PSNY	15.05.64	12.11.93

* BIW: Bath Iron Works, Maine; NYSC: New York Shipbuilding Corporation, New Jersey; LSCS: Lockheed Shipbuilding and Construction Company, Washington; TS: Todd Shipyards, Kalifornien; SFNY: San Francisco Naval Shipyard, Kalifornien; PSNY: Puget Sound Naval Shipyard, Washington

»USS Bainbridge«

(Einzelschiff)

Der Entwurf der im Oktober 1962 in Dienst gestellten »USS Bainbridge« basiert weitgehend auf der »Leahy«-Klasse. Im Gegensatz zu ihren »Halbschwesterschiffen« erhielt sie jedoch einen atomaren Antrieb. Dieser bestand aus zwei »D2G«-Druckwasserreaktoren des Herstellers General Electric. Diese versorgten zwei Turbinen mit Dampfdruck. Bei einer Gesamtleistung von 60.000 PS konnte die »Bainbridge« bei einer fast unbegrenzten Reichweite rund 34 Knoten erreichen. 1966 hielt sie den Geschwindigkeitsrekord der U.S. Navy für die Strecke vom australischen Fremantle bis zum Golf von Tonkin im Südchinesischen Meer. Während der rund 6.600 Seemeilen (ca. 12.200 Kilometer) weiten Fahrt betrug die Durchschnittsgeschwindigkeit 29,9 Knoten. 1964 bildete sie zusammen mit dem Kreuzer »USS Long Beach«, dem Träger »USS Enterprise« sowie dem U-Boot »USS Seawolf« die weltweit erste rein atombetriebene Kampfgruppe. Von August bis September 1964 unternahmen die drei Überwasserschiffe ohne das U-Boot eine komplette Weltumrundung (siehe auch »USS Long Beach«).
Die »USS Bainbridge« war laut ihrer ursprünglichen Klassifizierung (DLGN-25) der weltweit erste atombetriebene Zerstörer. Da die U.S. Navy sie auch als »Large Frigate« bezeichnete, gilt sie zugleich als die erste Atomfregatte. Im Rahmen einer Umklassifizierung im Jahre 1975 wurde sie zu einem Atomkreuzer (CGN-25). Wie ihre »Halbschwesterschiffe« der »Leahy«-Klasse nahm sie am Vietnamkrieg, an der »Operation Desert Storm« 1991 sowie an der »Operation Deny Flight« teil. Im Laufe ihrer aktiven Dienstzeit erhielten ihre Reaktoren insgesamt drei Neufüllungen. Ab 1994 diente die »USS Bainbridge« als Flaggschiff während der »Operation Sharp Guard«, welches die Sanktionen der Vereinten Nationen (UN) gegen Jugo-

slawien durchsetzen sollte. Bei ihrer letzten Fahrt nach Europa besuchte das Schiff 1995 auch Bremerhaven. Ein Jahr später erfolgte seine Außerdienststellung. Nach der Entnahme und Einlagerung des Kernbrennstoffs aus den Reaktoren begann 1997 die Abwrackung des Kreuzers im Rahmen des »Ship-Submarine Recycling Program« in der darauf spezialisierten Marinewerft Puget Sound (Bundesstaat Washington).

Mit ihren rund 9.200 tons ist die »USS Bainbridge« das bis heute leichteste je in Dienst gestellte atombetriebene Überwasserkriegsschiff. Bewaffnung und Einsatzprofil entsprachen dem der »Leahy«-Klasse.

Schiffsklasse	»Bainbridge« (Einzelschiff)
Bauwerft	Bethlehem Steel, Quincy, Massachusetts
Aktive Dienstzeit	06.10.62 - 13.09.96
Standard-Verdrängung	ca. 7.250 tons
Einsatz-Verdrängung	ca. 7.982 tons
Länge über alles	172,1 m
Breite über alles	17,6 m
max. Tiefgang	7,9 m
Antrieb	2 Druckwasserreaktoren, 2 Turbinen, 60.000 PS
Anzahl der Wellen	2
Geschwindigkeit	ca. 34 kn
Reichweite	nahezu unbegrenzt
Bewaffnung	Bei Indienststellung: 2 x Doppelarmstarter für »Terrier«; 4 x 7,6-cm-Geschütze; 1 x Achtfachstarter für »ASROC«; 6 x Torpedorohre Bei Modernisierung Ausbau der 7,6-cm-Geschütze und Einbau von 2 x »Phalanx«; 8 x »Harpoon«; Doppelarmstarter nun »SM«-tauglich
Besatzung	475

»Belknap«-Klasse

(9 gebaute Einheiten)

Auf Basis der »Leahy«-Klasse entstanden ab 1962 die neun Schiffe der »Belknap«-Klasse. Diese neue Baureihe erhielt mit der »USS Truxtun« ebenfalls eine zusätzliche Einheit mit Atomantrieb. Abgesehen von ihrem Antrieb war diese jedoch weitgehend identisch mit ihren »Halbschwesterschiffen« (siehe »USS Truxtun«). Bei der zwischen 1964 und 1967 stattfindenden Indienststellung erhielten die Schiffe wie ihre Vorgänger offiziell die »DLG«-Klassifizierung als Führungszerstörer (»Destroyer Leader Guided Missile«), galten aber auch als sogenannte »Large Frigates«. 1975 erfolgte dann die Umklassifizierung zu Lenkwaffenkreuzern (CG-26 bis CG-34).

Bewaffnung und Einsatzprofil

Da die vorangegangene »Leahy«-Klasse außer ihren kleinen 7,6-cm-Geschützen keine leistungsfähige Artillerie erhalten hatte, eignete sie sich nur eingeschränkt für den Beschuss auf See- und Landziele in kurzer und mittlerer Entfernung. Aus diesem Grund entschied die U.S. Navy, die neue »Belknap«-Klasse mit einer Mischbewaffnung auszustatten und installierte auf dem Achterschiff ein 12,7-cm-Mehrzweckgeschütz in der »Mk-42«-Ausführung. Dieses stammte von einem Bestand an Kanonen, die sich zuvor auf den Trägern der »Forrestal«-Klasse befunden hatten und in den frühen 1960er Jahren ausgebaut und eingelagert worden waren. Es hatte eine Reichweite von bis zu 23 Kilometer und diente für den Beschuss von Land-, See- sowie Luftzielen. Als zusätzliche Rohrwaffen zur Bekämpfung von Unterschallflugzeugen dienten zwei 7,6-cm-Geschütze. Ein Kritikpunkt bei dieser gemischten Bewaffnung bestand darin, dass im Falle der Zerstörung oder eines Defekts des nunmehr einzigen Raketenstarters die gesamte Abwehrkapazität der Schiffe gegen Überschallflugzeuge- und Flugkörper ausgeschaltet war.

Auf dem Vorschiff befand sich ein Doppelarmstarter, der sowohl für die Luftabwehrrakete RIM-2 »Terrier« als auch für »ASROC«-Raketentorpedos einsetzbar war. Dieser kombinierte

Die »USS Fox« 1988. Die »Belknap«-Klasse erhielt auch zwei sogenannte »Macks«, eine Kombination aus »Mast« und »Stack« (Schornstein).

Starter erhielt inoffiziell auch die Bezeichnung »ASTER«. Die Doppelnutzung des »Mk-10«-Starters wurde durch die Entwicklung eines neuen Magazins möglich, welches zwei verschiedene Flugkörper aufnehmen und diese nach oben in die Abschussvorrichtung transportieren konnte. Dieses fasste bis zu vierzig »Terrier«- und bis zu zwanzig »ASROC«-Raketen gleichzeitig. Nach der Ausmusterung der »Terrier« in den 1970er Jahren erfolgte die Bestückung mit neuen »Standard-Missile«-Flugkörpern (SM-1 und später SM-2) zur Luft- und Seezielbekämpfung (siehe Details »Leahy«-Klasse). Als zusätzliche Waffe zur U-Boot-Bekämpfung befanden sich auf jeder Seite mittschiffs drei Torpedorohre. Ab den späten 1970er Jahren erhielten die Schiffe je zwei Vierfachstarter für die AGM-84 »Harpoon« zur Seezielbekämpfung. Später ersetzten zwei 20-mm-»Phalanx«-Kanonen zur Nahbereichsverteidigung die veralteten 7,6-cm-Geschütze.

Im Gegensatz zu ihrem Vorgänger erhielt die »Belknap«-Klasse eine Startplattform für einen Hubschrauber sowie einen Hangar für dessen Unterbringung. Um die Reichweite der U-Jagd-Kapazitäten zu erweitern, erfolgte zunächst die Einführung eines ferngelenkten Hubschraubers vom Typ »QH-50 DASH« (»Drone Anti-Submarine Helicopter«). Nach der Ortung eines als feindlich eingestuften U-Bootes durch das Schiffssonar sollte der unbemannte Hubschrauber bis zu zwei Torpedos der Typen »Mk-44« oder »Mk-46« über dem Ziel abwerfen. Somit übertraf er die etwa fünf Seemeilen Reichweite des bisher verwendeten »ASROC«-Systems bei weitem und konnte gegebenenfalls das U-Boot zerstören, bevor es in Schussreichweite kam. Zudem konnte die Besatzung des Schiffes den zum Ziel fliegenden Hubschrauber jederzeit zurückholen und so den Angriff abbrechen, falls sich das geortete U-Boot zwischenzeitlich als nicht-feindlich erwies. Bei der Verwendung durch das »ASROC«-System hingegen war der Torpedo nach seinem Abschuss nicht mehr aufzuhalten. Da sich der ferngesteuerte Helikopter

Der ferngesteuerte »QH-50«-U-Jagd-Hubschrauber konnte bis zu 130 Kilometer weit und etwa 150 km/h schnell fliegen. Die Bewaffnung bestand aus zwei Torpedos.

in der Praxis jedoch als störanfällig und kostenintensiv erwies, übernahm ein bemannter Hubschrauber vom Typ Kaman SH-2 »Seasprite« die U-Jagd-Funktion (»Light Airborne Multi-Purpose System« / LAMPS). Darüber hinaus konnte dieser auch Menschen und Ausrüstungen zu anderen Schiffen oder Plätzen an Land transportieren.

Einsatzgeschichte

Während des Vietnamkrieges schirmten die Einheiten der »Belknap«-Klasse die Trägerkampfgruppen gegen feindliche Luftangriffe ab. Der

Ein bemannter U-Jagd-Hubschrauber vom Typ SH-2 »Seasprite«. Seine Ausrüstung umfasste Schleppsonar, Magnetometer, Oberfächenradar, Sonarbojen, Torpedos und Antischiffsraketen.

Schiffsklasse	»Belknapp«
Aktive Dienstzeit	1964 - 1994
Standard-Verdrängung	ca. 6.570 tons
Einsatz-Verdrängung	ca. 7.930 tons
Länge über alles	166,7 m
Breite über alles	16,7 m
max. Tiefgang	8,7 m
Antrieb	4 Dampfkessel, 2 Dampfturbinen, 85.000 PS
Anzahl der Wellen	2
Geschwindigkeit	32 kn
Reichweite	8.000 sm bei 14 kn
Bewaffnung	Bei Indienststellung: 1 x Doppelarmstarter für »Terrier« und »ASROC«; 1 x 12,7-cm-Geschütz; 4 x 7,6-cm-Geschütze; 6 x Torpedorohre Bei Modernisierung Ausbau der 7,6-cm-Geschütze und Einbau von 2 x »Phalanx«; 8 x »Harpoon«; Doppelarmstarter nun »SM«-tauglich
Besatzung	477

Bordhubschrauber diente zur Suche nach und Rettung von abgestürzten Piloten auf dem offenen Meer oder in unzugänglichen Gegenden sowie zur Evakuierung von verwundeten Soldaten oder Zivilisten (»Combat Search and Rescue« / CSAR). Das leistungsstarke Bordradar ermöglichte die Erfassung feindlicher Luftstreitkräfte sowie die Weitergabe von deren Position oder Kurs an die eigenen Jäger der Flugzeugträger. Diese konnten somit die Gegner meist rechtzeitig abfangen, bevor sie die Träger und andere Schiffe angreifen konnten.

Während eines Manövers im November 1975 geriet das Typschiff »USS Belknap« versehentlich unter das überhängende Flugdeck des Trägers »USS John F. Kennedy«. Bei dem Unfall starben sieben Besatzungsmitglieder auf dem Kreuzer und ein Mann auf dem Träger. Während der Kollision verursachte die Reibung der beiden Schiffskörper Funken, die ein Feuer an Bord der »USS Belknap« auslösten. Da die Aufbauten des Kreuzers zur Gewichtsersparnis aus Aluminium waren, ließ der mehrere Stunden wütende Brand diese fast komplett schmelzen. Wären die Aufbauten wie der Rest des Schiffes aus Stahl gewesen, wäre die »USS Belknap« besser vor dem Feuer geschützt gewesen. Der Grund liegt darin, dass bei Aluminium der Schmelzpunkt beträchtlich niedriger liegt als bei Stahl. Um ihre Schiffe weniger empfindlich gegen Feuer zu machen, kehrte die U.S. Navy beim Bau neuer Schiffe zur vollständigen Stahlkonstruktion zurück. Ein anderer Grund war die generell höhere Stabilität von Stahl im Vergleich zu Aluminium. Bis 1980 erfolgte die Instandsetzung der »USS Belknap«. Obwohl die U.S. Navy zwischenzeitlich eine Kampfwertsteigerung des Schiffes mit dem neuen »AEGIS«-System in Erwägung zog, verzichtete sie letztendlich aus Kostengründung auf diese. Stattdessen erfolgte eine Herrichtung zum Flottenflaggschiff mit zusätzlichen Stabsräumen und einem vergrößerten Landeck für Hubschrauber vom Typ SH-3 »Sea King«. 1980 kehrte die »USS Belknap« zur Flotte zurück. Zehn Jahre später wurde sie das Flaggschiff der Sechsten US-Flotte im Mittelmeer.

In den 1980er Jahren eskortierten Schiffe der »Belknap«-Klasse im Rahmen der »Operation Ernest Will« kuwaitische Tanker während des Iran-Irak-Krieges im Persischen Golf. In dieser Rolle kamen sie auch während der »Operation Desert Storm« zum Schutz von amerikanischen und verbündeten Seestreitkräften zum Einsatz.

Die ehemalige »USS William H. Standley« kurz vor ihrer Versenkung als Zielschiff vor der Ostküste Australiens im Juni 2005.

Zwischen 1993 und 1995 erfolgte die Außerdienststellung der gesamten Klasse, da trotz ihres noch guten Zustandes ihr Unterhalt für die U.S. Navy zu kostenintensiv geworden war.

Während fünf Einheiten bei Schießübungen und Manövern als Zielschiffe ihr Ende auf hoher See fanden, wurden die übrigen vier bis 2008 abgewrackt.

Name	Bauwerft*	Indienststellung	Außerdienststellung
»USS Belknap« (CG-26)	BIW	07.11.64	15.02.95
»USS Josephus Daniels« (CG-27)	BIW	08.05.65	21.01.94
»USS Wainwright« (CG-28)	BIW	08.01.66	15.11.93
»USS Jouett« (CG-29)	PSNY	03.12.66	28.01.94
»USS Horne« (CG-30)	SFNY	15.04.67	04.02.94
»USS Sterett« (CG-31)	PSNY	08.04.67	24.03.94
»USS William H. Standley« (CG-32)	BIW	00.07.66	11.02.94
»USS Fox« (CG-33)	TS	08.05.66	15.04.94
»USS Biddle« (CG-34)	BIW	21.01.67	30.11.93

* BIW: Bath Iron Works, Maine; PSNY: Puget Sound Naval Shipyard, Washington; SFNY: San Francisco Naval Shipyard, Kalifornien; TS: Todd Shipyards, Kalifornien

»USS Truxtun«

(Einzelschiff)

Auf Basis der »Belknap«-Klasse entstand ab 1963 ein sogenanntes »Halbschwesterschiff« mit dem Namen »USS Truxtun«. Während Entwurf und Bewaffnung fast identisch waren, erhielt diese zusätzliche Einheit einen Atomantrieb. Nach der »USS Long Beach« und der »USS Bainbridge« war die »USS Truxtun« der dritte amerikanische Atomkreuzer. Das 1967 in Dienst gestellte Schiff erhielt zunächst wie die »Belknap«-Klasse eine Bezeichnung als Führungszerstörer (DLGN-35). Nach der Umklassifizierung im Jahre 1975 galt es offiziell ebenfalls als Kreuzer (CGN-35). Der Antrieb bestand aus zwei »D2G«-Druckwasserreaktoren des Herstellers General Electric und zwei Turbinen mit einer Gesamtleistung von 70.000 PS. Diese ermöglichten eine Höchstgeschwindigkeit von rund 31 Knoten.

Elektronik (ähnlich wie »Belknap«-Klasse)

Als Navigations- und Oberflächensuchradar diente das »SPS-10« auf dem vorderen Mast. Das »SPS-40«-Luftsuchradar auf dem achteren Mast hatte eine Reichweite von bis zu 370 Kilometer. Die Feuerleitung des 12,7-cm-Geschützes erfolgte durch ein »SPG-53«-Radar über der Brücke. Zur Zielortung unter Wasser diente ein »SQS-26«-Bugsonar. Zur Irreführung feindlicher Torpedos kam ein nachschleppbarer »SLQ-25«-Täuschkörper (»Nixie«) zum Einsatz. Dieser imitierte die Schiffsgeräusche, um Torpedos mit Akustikortung abzulenken. Nach 1980 erhielt die »USS Truxtun« das verbesserte »SLQ-32« zur Elektronischen Kampfführung. Dessen Antennen dienten als Störsender sowie für die Fernmelde- und Elektronische Aufklärung. Das dazugehörige »Mk 36 SRBOC« konnte verschiedene Täuschkörper in die Luft schießen, um feindliche Raketen mit Radar- oder Infrarotortung abzulenken.

Die »USS Truxtun« erhielt ihren Raketenstarter achtern und das Geschütz vorne. Auf der »Belknap«-Klasse waren diese Waffensysteme umgedreht angeordnet. Die zwei schwarzen »SPG-55«-Zielbeleuchter ermöglichten die Lenkung der Raketen.

Schiffsklasse	»Truxtun« (Einzelschiff)
Bauwerft	New York Shipbuilding Corporation, Camden, New Jersey
Aktive Dienstzeit	27.05.62 - 11.09.95
Standard-Verdrängung	ca. 8.149 tons
Einsatz-Verdrängung	ca. 8.927 tons
Länge über alles	172 m
Breite über alles	17,7 m
max. Tiefgang	9,4 m
Antrieb	2 Druckwasserreaktoren, 2 Turbinen, 70.000 PS
Anzahl der Wellen	2
Geschwindigkeit	ca. 31 kn
Reichweite	nahezu unbegrenzt
Bewaffnung	Bei Indienststellung: 1 x Doppelarmstarter für »Terrier« und »ASROC«; 1 x 12,7-cm-Geschütz; 4 x 7,6-cm-Geschütze; 6 x Torpedorohre Bei Modernisierung Ausbau der 7,6-cm-Geschütze und Einbau von 2 x »Phalanx«; 8 x »Harpoon«; Doppelarmstarter nun »SM«-tauglich
Besatzung	492

Einsatzprofil und -geschichte

Durch ihre nahezu unendliche Reichweite, die lediglich durch die begrenzte Menge an Lebensmitteln an Bord Einschränkungen unterlag, eignete sich die »USS Truxtun« für Operationen mit anderen atombetriebenen Einheiten der U.S. Navy. Der Vorteil einer solchen Kampfgruppe lag neben der weitgehenden Unabhängig von Tankern und Versorgern in der Fähigkeit, selbst über sehr lange Strecken hinweg mit hohen Geschwindigkeiten von mehr als 30 Knoten im Ernstfall zu einem Einsatzgebiet fahren zu können. Kriegsschiffe mit konventionellen Antrieben hätten aufgrund des sehr großen Kraftstoffverbrauchs bei hohen Fahrtstufen nur kurze Strecken zurücklegen können. Danach wären sie auf einen Tanker angewiesen gewesen, den sie jedoch an einer vereinbarten Stelle hätten treffen müssen, da solche Schiffe zu langsam waren, um mit Kriegsschiffen mithalten zu können. Unabhängig davon stellten Tanker leichte Ziele für feindliche See- und Luftstreitkräfte dar, sodass die Abstellung von Schutzschiffen einen großen Aufwand bedeutet hätte. Als allein fahrende Einheit konnte die »USS Truxtun« auch ohne zusätzliche Schiffe in einem großen Seegebiet operieren und so z.B. Seewege überwachen, andere Schiffe observieren oder im Bedarfsfall umgehend in ein anderes Einsatzgebiet verlegen.

Da die Bewaffnung der »USS Truxtun« nahezu identisch mit jener ihrer »Halbschwesterschiffe« der »Belknap«-Klasse war, war auch sie für den Einsatz als Eskorte für Trägerkampfverbände, die Abwehr von U-Booten und Luftangriffen sowie für die Bekämpfung von Seezielen ausgelegt. Daher kam sie auch wiederholt im Laufe des Vietnamkrieges sowie während der »Operation Desert Storm« zum Einsatz. Neben ihrer Schutzfunktion diente sie überwiegend als beweglicher Radarvorposten für Trägerkampfgruppen, um deren Jägern feindliche Luftziele zuzuweisen. Nach 28 Dienstjahren fand 1995 die Außerdienststellung der »USS Truxtun« statt. Nach der Entnahme und Einlagerung des Kernbrennstoffs aus den Reaktoren erfolgte bis 1999 die Abwrackung des Kreuzers im Rahmen des »Ship-Submarine Recycling Program« in Puget Sound.

»California«-Klasse

(2 gebaute Einheiten)

Nach der Indienststellung des weltweit ersten Atomträgers »USS Enterprise« (CVN-65) erfolgte in den 1960er Jahren mit der »USS America« (CV-66) und der »USS John F. Kennedy« (CV-67) der Bau zweier konventionell angetriebener Flugzeugträger. In der zweiten Hälfte des Jahrzehnts entschied die U.S. Navy schließlich, ab der zukünftigen »Nimitz«-Klasse (CVN-68) nur noch atombetriebene Flugzeugträger zu bestellen. Diese sollten eine Eskorte aus mehreren Schiffen mit gleichem Antrieb erhalten, um schnelle und treibstoffunabhängige Kampfgruppen, sogenannte »Nuclear Task Forces«, bilden zu können. Zu jener Zeit sah die Planung vier atombetriebene Begleitschiffe pro Träger vor. In den kommenden Jahren sollte sich aber zeigen, dass dieses Vorhaben aus Kostengründen nicht vollständig umsetzbar war.

Nichtsdestotrotz erfolgte 1974/75 mit der Indienststellung der »USS California« und der »USS South Carolina« die Inbetriebnahme der ersten richtigen Klasse von Atomzerstörern

(DLGN), da die zum damaligen Zeitpunkt vorhandenen Einheiten dieses Typs (»USS Long Beach«, »USS Bainbridge«, »USS Truxtun«) jeweils Einzelschiffe waren. Die U.S. Navy führte die neue Baureihe auch als »Large Frigates«, bis sie 1975 zu Kreuzern (CGN) umklassifiziert wurden. Ursprünglich sollte auch ein drittes Schiff entstehen, dieses wurde aber aus Budgetgründen der als kostengünstiger eingestuften nachfolgenden »Virginia«-Klasse zugeteilt. Der Antrieb bestand wie bei der »USS Truxtun« aus zwei »D2G«-Druckwasserreaktoren von General Electric sowie zwei Dampfturbinen. Bei einer Gesamtleistung von rund 60.000 PS betrug die Geschwindigkeit (je nach Quelle) etwas mehr als dreißig Knoten. Mit einer Reaktorfüllung konnte die »California«-Klasse rund 700.000 Seemeilen (ca. 1,3 Millionen Kilometer) zurücklegen.

Bewaffnung und Einsatzprofil
Der Entwurf der »California«-Klasse basiert weitgehend auf der »USS Truxtun«, erhielt jedoch eine verdoppelte Artillerie- und Raketenbewaffnung. Im Falle eines Defekts oder Gefechts-

Die »California«-Klasse verfügte über zwei 12,7-cm-Geschütze sowie über zwei »Tartar«-Doppelarmstarter. Somit verdoppelte sich ihre Hauptbewaffnung gegenüber dem Vorgänger.

schadens gab es somit für jedes dieser Waffensysteme eine Reserve. Während der Bauphase war es zunächst unklar, ob die neuen Schiffe Raketenstarter für die RIM-2 »Terrier« oder RIM-24 »Tartar« erhalten sollen. Schließlich fiel die Entscheidung zugunsten Letzterer. Auf dem Vorschiff fand ein »Tartar«-Doppelarmstarter vor dem 12,7-cm-Geschütz Aufstellung, auf dem Achterschiff war die Anordnung umgekehrt. Diese Kanone in der »Mk-45«-Ausführung ersetzte die auf der »Belknap«-Klasse und der »USS Truxtun« installierte »Mk-42«-Variante. Als Kampfwertsteigerung im Rahmen des »New Threat Upgrade« erhielt die »California«-Klasse in den 1980er Jahren neben verbesserten elektronischen Anlagen die leistungsfähigere »SM«-Rakete (»Standard Missile«). Die beiden Magazine konnten jeweils vierzig dieser Flugkörper aufnehmen. Der Achtfachstarter für die »ASROC«-U-Jagd-Torpedos befand sich direkt vor der Brücke. Das davor platzierte Magazin fasste sechzehn weitere dieser Waffen. Zum Abschuss von U-Jagd-Torpedos befanden sich im achteren Deckshaus auf beiden Seiten je drei Torpedorohre. Nach 1980 erhielten die »USS California« und die »USS South Carolina« je zwei Vierfachstarter für die Antischiffsrakete AGM-84 »Harpoon«. Der eine Starter befand sich mittschiffs, der andere hinter dem achteren Aufbau. Durch diese Kampfwertsteigerung konnten die Schiffe wie traditionelle Kreuzer nun auch allein operieren. Zu solchen Einsätzen gehörte die Überwachung oder Freihaltung von Seewegen, Aufklärung oder Piraterriebekämpfung. Dank ihrer nahezu unbegrenzten Reichweite konnte sie alleine operieren und schnell große Strecken zurücklegen. Zur Nahverteidigung gegen Flugzeuge und Flugkörper erfolgte pro Schiff die Installation von zwei 20-mm-»Phalanx«-Kanonen auf beiden Seiten auf Höhe des achteren Mastes. Anders als ihr

Die »USS California« und die »USS South Carolina« mit dem Atomträger »USS Nimitz« (CVN-68) als »USS Nimitz Battle Group« 1977/78.

Vorgänger erhielt die »California«-Klasse keinen Hangar, sondern nur ein Landedeck für Hubschrauber. Erst die nachfolgende »Virginia«-Klasse erhielt wieder einen Hangar.

In den Jahren nach der Indienststellung der »California«-Klasse zeigte sich, dass der Aufbau einer Flotte von atombetriebenen Lenkwaffenschiffen aufgrund der Konstruktions- und Betriebskosten in der geplanten Stückzahl nicht möglich war. Somit gab die U.S. Navy den Plan auf, jeden ihrer Atomträger mit einem Begleitschutz in Form von bis zu vier ebenfalls nuklear betriebenen Schiffen zu versehen. Aufgrund des Mangels an Atomkreuzern und -zerstörern kam es daher eher selten zur Bildung von reinen »Nuclear Task Forces«. In der Regel bestand daher ab den 1970er Jahren der Begleitschutz (neben Zerstörern und Fregatten) aus einer Mischung von Atomkreuzern wie der »California«-Klasse sowie konventionell angetriebenen Kreuzern der »Belknap«- und »Leahy«-Klasse.

Einsatzgeschichte

Während der »Islamischen Revolution« besetzten iranische Studenten am 4. November 1979 die US-Botschaft in Teheran und nahmen 52 amerikanische Diplomaten als Geisel. Als die Entscheidung fiel, die Geiseln im April 1980 zu

Die »USS California« beim Testabschuss einer »SM-2-MR«-Rakete 1998 (Reichweite 167 Kilometer). Durch ihre starke Bewaffnung und ihren Atomantrieb eignete sich diese Klasse gut zum Schutz von schnellen Trägerkampfgruppen vor Luft- und Unterwasserangriffen.

befreien, sollten hierfür trägergestützte Luftfahrzeuge verwendet werden. Als neben weiteren Seestreitkräften auch die »USS Nimitz« zum Einsatz kam, diente die »USS California« als deren Begleitschutz im Persischen Golf. Nachdem die Befreiungsaktion (»Operation Eagle Claw«) gescheitert war, dauerte es bis zum 20. Januar 1981, als nach friedlichen Verhandlungen alle Geiseln freikamen. Die »California«-Klasse diente wie ihre Vorgänger ebenfalls bei der »Operation Desert Storm« und der »Operation Deny Flight« primär als beweglicher Radarvorposten für die Luftverteidigung der eigenen Seestreitkräfte. 1999 erfolgte die Außerdienststellung und nach der Entfernung der Reaktoren die Abwrackung beider Schiffe im Rahmen des »Ship-Submarine Recycling Program«.

Schiffsklasse	»California«
Name	»USS California« (CGN-36); »USS South Carolina« (CGN-37)
Bauwerft	Newport News Shipbuilding Co., Virginia
Aktive Dienstzeit	»California«: 16.02.74 - 09.07.99; »South Carolina«: 25.01.75 - 30.07.99
Standard-Verdrängung	ca. 9.561 tons
Einsatz-Verdrängung	ca. 11.100 tons
Länge über alles	181,7 m
Breite über alles	18,6 m
max. Tiefgang	9,6 m
Antrieb	2 Druckwasserreaktoren, 2 Turbinen, 60.000 PS
Anzahl der Wellen	2
Geschwindigkeit	über 30 kn
Reichweite	nahezu unbegrenzt
Bewaffnung	Bei Indienststellung: 2 x Doppelarmstarter für »Tartar«; 1 x Achtfachstarter für »ASROC«; 2 x 12,7-cm-Geschütze; 6 x Torpedorohre Bei Modernisierung Einbau von 2 x »Phalanx«; 8 x »Harpoon«; Doppelarmstarter nun »SM«-tauglich
Besatzung	540

»Virginia«-Klasse

(4 gebaute Einheiten)

Zwischen 1972 und 1980 erfolgte der Bau der vier Einheiten der »Virginia«-Klasse. Diese basierte weitgehend auf der »California«-Klasse und sollte ursprünglich aus mehreren Einheiten im Rahmen des »DXGN«-Programms bestehen. Die Schiffe erhielten direkt eine Bezeichnung als Kreuzer (CGN-38 bis CGN-41), da ihre Indienststellung nach der Umklassifizierung innerhalb der Flotte erfolgte. Da sich der Bau und der Betrieb atombetriebener Überwasserschiffe als zu kostenintensiv erwiesen hatte, fiel die Entscheidung, nach der vierten Einheit »USS Arkansas« (CGN-41) keine weiteren Einheiten dieser Art in Auftrag zu geben. Diesem Beschluss fiel auch die geplante »CGN-42«-Nachfolgeklasse zum Opfer. Dieser Atomkreuzer sollte erstmalig das während der 1970er Jahre entwickelte »AEGIS«-Kampfsystem erhalten. Diese Anlage kam stattdessen in der ab 1983 in Dienst gestellten »Ticonderoga«-Klasse zum Einsatz (siehe »Ticonderoga«-Klasse). Lediglich die zu jenem Zeitpunkt im Bau befindlichen Flugzeugträger der »Nimitz«-Klasse sowie die U-Boote der »Los-Angeles«- und »Ohio«-Klasse erhielten einen Atomantrieb. Die »Virginia«-Klasse verfügte auf dem Achterschiff über eine Start- und Landeplattform für einen Mehrzweckhubschrauber vom Typ SH-2 »Seasprite«, der auch zur U-Jagd einsetzbar war. Zur witterungsfesten Unterbringung befand sich unter Deck ein Hangar, der durch einen Aufzug erreichbar war.

Bewaffnung und Einsatzprofil

Die Bewaffnung orientierte sich an der Vorgängerklasse. Sie bestand bei der Indienststellung auf dem Vor- und dem Achterschiff ebenfalls

Die Bewaffnung der modernisierten »USS Virginia«: außen die Raketenstarter, weiter innen die zwei Geschütze und am Heck die »Tomahawk«-Starter. Die »Phalanx« stehen mittschiffs, die »Harpoons« vor der Brücke.

Das Vorschiff der »USS Arkansas« mit Raketenstarter, Geschütz und den »Harpoons« vor der Brücke. Das schwarze eckige Mastradar ist das dreidimensionale »AN/SPS-48«-Luftraumsuchradar.

aus je einem Doppelarmstarter für Flugabwehr-raketen vom Typ »SM-1 MR« (»Standard Missile 1, Medium Range«) mit mittlerer Reichweite. Der vordere Starter vom Typ »Mk 26 Mod. 0« konnte neben der »SM-1 MR« auch »ASROC«-Raketentorpedos abschießen. Das dazugehörige Magazin konnte vierzig »SM-1«-Flugkörper und zwanzig »ASROC« aufnehmen. Obwohl dieser Doppelarmstarter auch für die »Harpoon« ausgelegt war, erfolgte die Aufstellung von »Harpoon«-Flugkörper in den 1980er Jahren in Form von zwei Vierfachstartern vor den Aufbauten. Da das Magazin bereits für die »SM-1« und die »ASROC« in Verwendung war, sollte es nicht durch einen dritten Flugkörpern überbeansprucht werden. Der Doppelarmstarter vom Typ »Mk 26 Mod. 1« auf dem Achterschiff war lediglich für Betrieb der »SM-1« ausgelegt. Dessen Magazin fasste vierzig Flugkörper. Die Artillerie zum Beschuss von See-, Land- und langsamen Luftzielen bestand aus je einem radargeleiteten 12,7-cm-Geschütz (»Mk-45«) vorne und an achtern. Jedes dieser Geschütze konnte bis zu zwanzig Schuss pro Minute abgeben. In den hinteren Aufbauten befanden sich auf beiden Seiten je drei Torpedorohre. Wie ihre Vorgänger kam die »Virginia«-Klasse

primär zum Schutz der Trägerkampfgruppen gegen Luftangriffe und zur U-Boot-Abwehr zum Einsatz. Das Einsatzprofil änderte sich mit der Ausrüstung durch neue Waffensysteme. In den 1980er Jahren erhielten die Einheiten der »Virginia«-Klasse je zwei »Armored Box Launcher« für insgesamt acht Marschflugkörper vom Typ BGM-109 »Tomahawk«. Diese ermöglichten den Beschuss von Landzielen bis zu einer Entfernung von rund 1.800 Kilometern. Da sie auf dem Achterschiff ihre Aufstellung fanden, entfiel die Fähigkeit zum Hubschrauberbetrieb und somit die Fähigkeit zur U-Jagd. Zusätzlich zu der Ausrüstung mit »Tomahawks« (Landzielbeschuss) und »Harpoons« (Seezielbeschuss) erhielten die Schiffe anstelle der bisherigen »SM-1«-Rakete nun die leistungsfähigere »SM-2 MR« (»Standard Missile 2, Medium Range«) einschließlich einer verbesserten Elektronik für einen schnelleren und präziseren Betrieb der Luftabwehrraketen. Mit dieser Vielfalt an Waffensystemen konnten die Schiffe der »Virginia«-Klasse nun auch als allein operierende Einheiten kreuzertypische Aufgaben wahrnehmen. Zu diesen zählte die Kontrolle und Freihaltung von Seewegen oder die Führung von kleineren Kampfgruppen (ohne Flugzeugträger).

Während des Bürgerkrieges im Libanon (1975-90), des Iran-Irak-Krieges (1980-88) und der »Operation Desert Storm« (1991) half die »Virginia«-Klasse bei der Sicherung der Seewege und deckte die eigenen Kampfgruppen gegen mögliche Luftangriffe. Bei »Desert Storm« feuerte die »USS Virginia« erstmals ihre »Tomahawk«-Marschflugkörper auf Ziele im Irak. In den späten 1980er Jahren prüfte die U.S. Navy, ob eine Kampfwertsteigerung der noch recht jungen Schiffe mit dem neuen »AEGIS«-Kampfsystem sowie der »SM-2 ER«-Rakete (»Standard Missile 2, Extended Range«) mit vergrößerter Reichweite machbar war. Diese Modifikationen erwiesen sich jedoch als zu kostenintensiv. Zudem fehlte weiterhin eine ausgeprägte U-Jagd-Kapazität. Aus diesen Gründen musterte die U.S. Navy zwischen 1993 und 1998 alle vier Schiffe nach einer relativ kurzen Dienstzeit von weniger als zwanzig Jahren pro Einheit aus. Nach der Entfernung der Reaktoren erfolgte bis 2004 die Abwrackung der gesamten Klasse im Rahmen des »Ship-Submarine Recycling Program«.

Abschuss eines »Tomahawk«-Marschflugkörpers gegen ein irakisches Ziel während der »Operation Desert Storm« 1991.

Schiffsklasse	»Virginia«
Name	»USS Virginia« (CGN-38); »USS Texas« (CGN-39); »USS Mississippi« (CGN-40); »USS Arkansas« (CGN-41)
Bauwerft	Newport News Shipbuilding Co., Virginia
Aktive Dienstzeit	»Virginia«: 11.09.76 - 10.11.94; »Texas«: 10.09.77 - 16.07.93; »Mississippi«: 05.08.78 - 28.07.97; »Arkansas«: 18.10.80 - 07.07.98
Standard-Verdrängung	10.663 tons (je nach Quelle auch geringer)
Einsatz-Verdrängung	11.666 tons
Länge über alles	178,3 m
Breite über alles	19,2 m
max. Tiefgang	9,8 m
Antrieb	2 Druckwasserreaktoren, 2 Turbinen, 60.000 PS
Anzahl der Wellen	2
Geschwindigkeit	über 30 kn
Reichweite	nahezu unbegrenzt
Bewaffnung	Bei Indienststellung: 2 x Doppelarmstarter für »SM« und »ASROC«; 2 x 12,7-cm-Geschütze; 6 x Torpedorohre Bei Modernisierung Einbau von 2 x »Phalanx«; 8 x »Harpoon«; 8 x »Tomahawk«
Besatzung	579

»Ticonderoga«-Klasse

(27 gebaute Einheiten)

Als sich der Aufbau einer Atomkreuzerflotte zum Schutz der Trägerkampfgruppen und Einzeloperationen in den 1970er Jahren als zu kostenintensiv erwies, erfolgte die Entwicklung der konventionell angetriebenen »Ticonderoga«-Klasse mit einer Einsatzverdrängung von rund 10.000 tons.

»AEGIS«-Kampfsystem

Die insgesamt 27 Einheiten der neuen Baureihe waren die weltweit ersten Kriegsschiffe, die das »AEGIS«-Kampfsystem erhielten. Der Begriff »AEGIS« (»Aegis«) entstammt der griechischen Mythologie und steht für einen schützenden Schild, mit dem die Götter Blitze, Donner oder ein Ungewitter zu ihrer Verteidigung erzeugen konnten. Die Entwicklung von »AEGIS« erfolgte im Laufe der 1970er Jahre primär zur Abwehr von sogenannten »Sättigungsangriffen« (»Saturation Missile Attacks«) des Warschauer Paktes. Diese Angriffe bestanden aus einer Vielzahl von simultan abgeschossenen see- und luftgestützten Flugkörpern, die bei einem gleichzeitigen Eintreffen die Abwehrfähigkeiten von NATO-Kriegsschiffen überwältigen bzw. überfordern sollten. »AEGIS« besteht aus einem vernetzten Computersystem von Sensoren, Radaren, Datenbanken und Feuerleitanlagen. Das Kernstück bildet das Multifunktionsradarsystem vom Typ »AN/SPY-1«. Dieses besteht aus vier phasengesteuerten Radaren, die in die Aufbauten integriert sind. Um einen lückenlosen Erfassungsbereich von 360 Grad für die Luftüberwachung rund um das Schiff in einem Umkreis von rund 370 Kilometern zu ermöglichen, sind die Radare in 90-Grad-Winkeln zueinander in 3-, 6-, 9- und 12-Uhr-Position angeordnet.

Die vier »AN/SPY-1«-Radare sind als große vertikale, achteckige Flächen auf den Aufbauten erkennbar. Da sie im 90-Grad-Winkel zueinander positioniert sind, ermöglichen sie eine 360-Grad-Luftraumerfassung.

Das leistungsfähige System ermöglicht die Erfassung, Verfolgung und Bekämpfung mehrerer Ziele gleichzeitig. Die Datenverarbeitungssysteme sind in der Lage, mehrere tausend Objekte bzw. Ziele in Echtzeit zu verfolgen und deren mögliches Bedrohungspotenzial zu ermessen. Diese Daten dienen der Besatzung als Entscheidungsvorlage für weitere Handlungen. Erkennt das System Bedrohungen in Form von Flugkörpern, kann es auch vollautomatisch Dutzende von diesen je nach Priorität bzw. Bedrohungsgrad mit eigenen Luftabwehrraketen bekämpfen. Hierzu steht als Hauptwaffe die »Standard Missile« in verschiedenen Varianten zur Verfügung. Der Zeitraum zwischen der ersten Ortung eines Ziels und dem Start der eigenen Abwehrrakete beträgt (je nach Quelle der U.S. Navy) weniger als fünfzehn Sekunden. Bei der Bekämpfung von luftgestützten Bedrohungen in Form von anfliegenden Flugkörpern kann ein Schiff dank der »AEGIS«-Datenvernetzung nicht nur seine eigenen Waffensysteme einsetzen, sondern auch andere Einheiten seines Verbandes in die Verteidigung einbinden. Dies erfolgt durch die sogenannte »C3«-Vernetzung (»Command-Control-Communication«). Damit jedes beteiligte Schiff ein laufend aktualisiertes und umfassendes Bild der Lage erhält, ermöglicht die »CEC« die gemeinsame Verarbeitung aller verfügbaren Informationsdaten aller involvierten Einheiten. »CEC« steht für »Co-Operative Engagement Capability« (Kapazität für zusammenwirkendes Vorgehen). Wenn beispielsweise eine Einheit des Verbandes (Überwasserschiff, U-Boot oder Flugzeug) oder auch Satelliten ein Objekt erfasst, wird dieses sofort für die anderen Verbandsteilnehmer sichtbar. Diese Kapazität erleichtert und beschleunigt die Ortung und Bekämpfung von Bedrohungen.

Bau und Bewaffnung

Obwohl die »Ticonderoga«-Klasse während ihrer Entwicklungsphase in den 1970er Jahren noch als Lenkwaffenzerstörer galt, änderte sich ihre Klassifizierung 1980 zu einem Lenkwaffenkreuzer (»Cruiser Guided Missile« / CG). Dies geschah einerseits aufgrund der Neuklassifizierung einzelner Schiffsgattungen innerhalb der U.S. Navy (siehe vorherige Kapitel) und andererseits, weil der Entwurf durch seine Bewaffnung und das »AEGIS«-Systems über Kapazitäten verfügte, die über die der damaligen Zerstörer hinausgingen. Die Entwicklung der »Ticonderoga«-Klasse erfolgte mit Hilfe von

Schiffsklasse	»Ticonderoga«
Aktive Dienstzeit	seit 1983
Standard-Verdrängung	ca. 7.019 tons
Einsatz-Verdrängung	9.750 tons
Länge über alles	173 m
Breite über alles	16,8 m
max. Tiefgang	10,2 m
Antrieb	4 Gasturbinen, 80.000 PS
Anzahl der Wellen	2
Geschwindigkeit	32,5 kn
Reichweite	6.000 sm bei 20 kn
Bewaffnung	Alle Einheiten: 2 x 12,7-cm-Geschütze; 8 x »Harpoon«; 6 x Torpedorohre Bis CG-51: »Mk-26«-Doppelstarter für Raketen Ab CG-52: 122 Startzellen für »Mk 41 VLS«
Besatzung	386

Das erste Baulos (»Baseline 0«) bestand aus der »USS Ticonderoga« und der hier abgebildeten »USS Yorktown«. Beide erhielten noch die »Mk-26«-Doppelarmstarter und Vierbeinmasten.

Die drei Einheiten des zweiten Bauloses (»Baseline 1«) bestanden aus »USS Vincennes«, »USS Valley Forge« (im Bild) und »USS Thomas S. Gates«. Diese unterschieden sich optisch durch ihre Dreibeinmasten vom ersten Baulos.

speziellen Computerprogrammen (»Computer-Aided Design« / CAD), um den zeit- und kostenintensiven Bau von Versuchsattrappen möglichst zu vermeiden.

Der Bau der insgesamt 27 Einheiten fand in sektionaler Fertigung zwischen 1980 und 1992 statt. Bei diesem Verfahren erfolgte zunächst der Bau der einzelnen Sektionen und später deren Zusammenfügung zu einem kompletten Schiff. Der Vorteil bestand darin, dass beim endgültigen Zusammenbau die einzelnen Sektionen bereits über ihre zahlreichen Wasser-, Dampf-, und Stromleitungen sowie über die Maschinen und andere Aggregate verfügten, sodass nur noch deren Verbindung oder Anschluss erforderlich war. Dieses Verfahren erwies sich weniger zeit- und kostenintensiv als die bisherige traditionelle Konstruktionsweise, bei der erst nach der Fertigstellung des Rumpfes der komplizierte und aufwändige Einbau der diversen Leitungen erfolgte. Nach seiner Fertigstellung im Baudock wurde der aus Sektionen zusammengefügte Schiffskörper über ein Rollensystem in das daneben liegende Schwimmdock transportiert. Nach dem Absenken des Docks durch die Flutung von dessen Wassertanks schwamm das Schiff auf. Durch dieses platzsparende Verfahren konnte ein klassischer Stapellauf vermieden werden: Wenn ein großes Schiff von der Helling ins Wasser glitt, war dies immer mit dem Risiko verbunden, dass der Rumpf nicht rechtzeitig

stoppte und daher gegen andere Schiffe oder die Kaimauer stoßen konnte. Das Aufschwimmen im Dock stellte im Vergleich dazu ein einfacheres und leichter kontrollierbares Verfahren dar. Von den insgesamt 27 Einheiten (CG-47 bis CG-73) entstanden acht bei Bath Iron Works in Maine und neunzehn bei Ingalls Shipuilding in Mississippi.

Während der Bauzeit der »Ticonderoga«-Klasse zwischen 1980 und 1992 entstanden insgesamt fünf Baulose, die in der U.S. Navy die Bezeichnung »Baseline 0« bis »Baseline 4« erhielten. Die beiden ersten Einheiten der Klasse (CG-47 bis CG-48) bildeten das erste Baulos (»Baseline 0«). Ihre Bewaffnung bestand aus je einem Doppelarmstarter (»Mk 26«) vorne und an achtern für den Abschuss der »SM-2« (»Standard Missile 2«) und des »ASROC«-Raketentorpedos. Zur Bekämpfung von Seezielen befanden sich im Heckbereich zwei »Harpoon«-Vierfachstarter sowie auf dem Vor- und dem Achterschiff je ein 12,7-cm-Geschütz (»Mk 45«). Zusätzlich waren zwei 20-mm-»Phalanx«-Kanonen für die Luftnahverteidigung sowie zwei Dreifachsätze für Torpedorohre zur U-Boot-Abwehr vorhanden. Darüber hinaus verfügten die Schiffe über ein Landedeck sowie einen Hangar für den Betrieb und die Unterbringung von bis zu zwei Mehrzweckbordhubschraubern vom Typ SH-2 »Seasprite«. Das zweite Baulos (»Baseline 0«) bestand aus drei

Die »USS Bunker Hill« war 1986 die erste Einheit des dritten Bauloses (»Baseline 2«) und das erste mit dem »Mk 41 VLS« gebaute Kriegsschiff. Die »VLS«-Öffnungen befinden sich auf dem Vor- und Achterschiff.

Einheiten (CG-49 bis CG-51). Diese erhielten eine leistungsfähigere Bordelektronik, eine verbesserte Datenkommunikation für den Betrieb von moderneren Mehrzweckhubschraubern vom Typ Sikorsky SH-60/MH-60 »Seahawk« sowie leichtere Dreibeinmasten.

Das aus sieben Einheiten bestehende dritte Baulos (»Baseline 2« / CG-52 bis CG-58) erhielt neben einem verbesserten Sonar ein komplett neues Senkrechtstartsystem für Flugkörper vom Typ »Mk 41 VLS« (»Vertical Launching System«). Diese enorm leistungsfähige Anlage kann eine Vielzahl von Lenkwaffentypen einschließlich verschiedener »Standard Missiles«, »Tomahawks«, »Sea Sparrows«, »ASROCs« oder »ESSMs« abfeuern. Anders als bei den bisher verwendeten auf Deck stehenden Armstartern mit darunter befindlichem Magazin erfolgt der Abschuss ähnlich wie bei U-Booten mit Interkontinentalraketen aus vertikalen

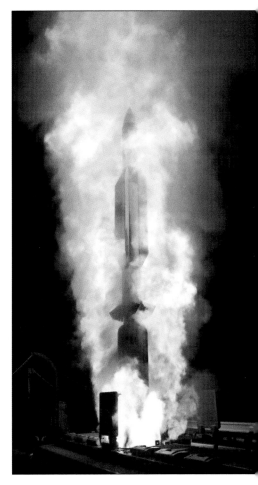

Start einer »Standard Missile 2« durch das »Mk 41 VLS«. Dieses sehr leistungsfähige und vielseitige System hat in Kombination mit »AEGIS« seit den 1980er Jahren den Standard für Lenkwaffensysteme gesetzt.
Das »Mk 41 VLS« besteht aus Einzelmodulen mit je acht Startzellen. Da jedes Modul sein eigenes Betriebssystem hat, bleiben bei Einzelausfällen die anderen einsatzbereit.
Die Module sind durch einen Wartungsgang erreichbar. Die Zündung des Raketenantriebs erfolgt im Rohr. Bei Explosionsgefahr der Sprengköpfe durch Brände oder Treffer sind die Startzellen flutbar.

Schächten. Ab der »USS Bunker Hill« (CG-52) im Jahre 1986 erhielten alle nachfolgenden Einheiten (bis »USS Port Royal« / CG-73), also insgesamt 22 Schiffe, das »Mk 41 VLS« in zwei Gruppen mit je einer auf dem Vor- und einer auf dem Achterschiff. Jede Gruppe verfügt über jeweils 61 Startvorrichtungen, sodass die Gesamtzahl 122 beträgt. Im Gegensatz zu den bisherigen langsamen, komplizierten und anfälligen Nachladesystemen ist die Mechanik des »Mk 41 VLS« für den Raketenstart durch automatisch öffnende Deckklappen sehr einfach. Selbst bei einem Ausfall von mehreren Klappen oder Raketen bleibt das Gesamtsystem einsatzbereit. Außer modernen amerikanischen Kreuzern und Zerstörern erhielten auch ausländische Kriegsschiffe wie die deutschen Fregatten der »Sachsen«-Klasse (F-124) das »Mk 41 VLS«.

Da das »AEGIS«-System mehrere Ziele gleichzeitig erfassen und bekämpfen konnte, war es auch auf ein schnell reagierendes Flugkörpersystem angewiesen. Die vorhandenen Ein- und Doppelarmstarter konnten jedoch nur maximal zwei Raketen in Abschussstellung halten und waren auf ein eher langsames und fehleranfälliges Nachladesystem durch Magazine im Schiffsinneren angewiesen. Fiel der Starter oder das Magazin durch Kampfeinwirkung oder einen Defekt aus, war die gesamte Flugkörperbewaffnung nicht mehr einsetzbar. Somit hätte diese veraltete Technik das neue »AEGIS«-System an der Entfaltung seiner Kapazität gehindert. Das neue »Mk 41 VLS« gleicht die Schwächen der bisher verwendeten Startvorrichtungen aus und erfüllt die Forderung nach einem schnell ansprechenden System, welches ein zeitraubendes Nachladen im Kampf erübrigt und zudem wesentlich unempfindlicher konzipiert ist. Da sich jeder Flugkörper in einer eigenen Startzelle befindet, erfolgt sein Start weitgehend unabhängig von den anderen. Fällt ein Teil der Lenkwaffen durch Treffer oder Defekte aus, können die verbliebenen in der Regel noch gestartet werden. Die Fähigkeit, auch bei einem Teilausfall der Bewaffnung weiterhin gefechtsbe-

reit zu sein, stellt einen großen Fortschritt gegenüber den vorherigen Lenkwaffenschiffen dar.

Beginnend mit der »USS Princeton« erhielten die sechs Einheiten des vierten Bauloses (»Baseline 3« / CG-59 bis CG-64) ein leistungsfähigeres Radar vom Typ »AN/SPY-1B« zur Erhöhung der Abwehrkapazität gegen Luftangriffe. Das fünfte und letzte Baulos (»Baseline 4«) umfasste ab der »USS Chosin« neun Einheiten (CG-65 bis CG-73) und unterschied sich von der vorherigen Gruppe durch ein verbessertes Sonar. Im Juli 1994 erfolgte die Indienststellung des letzten Schiffes der »Ticonderoga«-Klasse mit dem Namen »USS Port Royal« (CG-73). Die Elektronische Kampfführung erfolgt durch das »AN/SLQ-32«. Dessen Antennen (zwischen den Deckshäusern) dienen zur Fernmelde- und Elektronischen Aufklärung sowie als Störsender. Das dazugehörige »Mk 36 SRBOC« schießt Täuschkörper (Düppel und Flares) in die Luft, um Raketen mit Radar- oder Infrarotsuchkopf vom Schiff abzulenken.

Antrieb

Der Antrieb der rund 9.750 tons großen und 173 Meter langen »Ticonderoga«-Klasse erfolgt durch vier Gasturbinen von General Electric. Bei einer Gesamtleistung von 80.000 PS beträgt die Höchstgeschwindigkeit mehr als dreißig Knoten, die Reichweite liegt bei rund 6.000 Seemeilen (ca. 11.000 Kilometer) bei zwanzig Knoten Marschfahrt.

Einsatzprofil und -geschichte

Wie ihre Vorgänger ist die »Ticonderoga«-Klasse primär für den Schutz der Trägerkampfgruppen vor Luftangriffen in Form von Flugzeugen oder Flugkörpern ausgelegt. Aufgrund ihres vielseitigen und leistungsfähigen »AEGIS«-Systems setzte sie jedoch neue Standards. Durch ihre vielfältige Bewaffnung können die Kreuzer auch feindliche Seestreitkräfte mit ihren »Harpoons« und 12,7-cm-Geschützen sowie Landziele mit ihren »Tomahawks« bekämpfen. Aufgrund ihrer

Die »USS Port Royal« im Geleitschutzdienst mit den Trägern »USS Nimitz« (oben) und »USS Independence«.

starken Defensiv- und Offensivbewaffnung können sie darüber hinaus allein operieren, sind jedoch im Gegensatz zu atombetriebenen Überwasserschiffen beim Zurücklegen von großen Entfernungen auf Tanker angewiesen. Dank ihrer Größe verfügen die Schiffe über eine Kommandozentrale und Stabsräume, um als Flaggschiffe bei Verbänden das notwenige Personal aufnehmen zu können.

Seit ihrer Indienststellung ab 1983 kamen Einheiten der »Ticonderoga«-Klasse bei allen größeren Kriegshandlungen und Konflikten, an denen die U.S. Navy teilnahm, zum Einsatz. Zu diesen zählen die »Operation Desert Storm« 1991, der Kosovokrieg 1998/99, der Krieg in Afghanistan 2001, die »Operation Iraqi Freedom« 2003 sowie weitere Missionen. Bei diesen Einsätzen deckten die Kreuzer Flugzeugträgerkampfgruppen sowie andere Verbände. Zudem schossen sie ihre »Tomahawks« auf Landziele ab. Dies geschah auch, wenn keine eigenen Flugzeuge verfügbar waren oder deren Einsatz aufgrund der gegnerischen Luftabwehr als zu riskant erschien.

Während des Irak-Iran-Krieges (1980-88) operierten Einheiten der U.S. Navy im Persischen Golf, um unter anderen kuwaitische Öltanker vor Angriffen zu beschützen (»Operation Ernest Will«). Am 3. Juli 1988 identifizierte das »AEGIS«-System der »USS Vincennes« (CG-49) ein Passagierflugzeug vom Typ Airbus »A300B2« der Iran Air (Flug 655) fälschlicherweise als ein Kampfflugzeug vom Typ F-14 »Tomcat«. Obwohl die »USS Vincennes« mehrfach versuchte, das Flugzeug zu kontaktieren, antwortete dieses nicht. Da das »AEGIS«-System und die Besatzung das unbekannte Flugobjekt und seinen Kurs nun als Bedrohung einstuften, fiel die Entscheidung zum Abschuss. Bei diesem kamen alle 290 Menschen an Bord des Airbus ums Leben. Diese Tragödie zeigte die Fehlergefahr selbst bei modernen automatischen Abwehrsystemen auf. Aufgrund der immer kürzer werdenden Reaktionszeiten zur Abwehr anfliegender Flugkörper gilt der Einsatz solcher Systeme jedoch als weitgehend unverzichtbar.

In den Jahren 2004/05 musterte die U.S. Navy die fünf ältesten Einheiten (CG-47 bis CG-51) aus, welche noch das ursprüngliche »Mk-26«-Startsystem erhalten hatten. Dies geschah, weil die Lenkwaffen dieser Schiffe nur eingeschränkt das volle Potenzial des »AEGIS«-Systems ausschöpfen konnten und zudem keine kompatiblen Flugkörper für die Startvorrichtungen mehr hergestellt wurden. Während die »USS Valley Forge« als Zielschiff sank, warten die übrigen vier Einheiten auf Ihre Abwrackung. Die Versuche, das Typschiff »USS Ticonderoga« als Museum zu erhalten, blieben erfolglos. Die verbliebenen 22 Kreuzer mit dem »Mk 41 VLS« sollen durch Modernisierungen jeweils eine Lebensdauer von rund vierzig Jahren erreichen. Gerechnet vom Jahr ihrer Inbetriebnahme an werden die Schiffe dann voraussichtlich zwischen etwa 2026 und 2034 die aktive Flotte verlassen. Der ursprünglich geplante Nachfolger mit der Bezeichnung »CG(X)« sollte aus neunzehn Einheiten bestehen. Die ersten vierzehn Schiffe mit Tarnkappenkapazitäten sollten die eigenen Verbände primär vor Luftangriffen schützen oder allein operieren. Die anderen fünf Einheiten sollten mit starken Radaren feindliche Interkontinentalraketen erfassen können (»National Missile Defense«). Da dieses Projekt aus Kostengründen keine Umsetzung fand, steht noch kein konkreter Nachfolger für die »Ticonderoga«-Klasse fest.

Name	Bauwerft*	Indienststellung	Außerdienststellung
BASELINE 0			
»USS Ticonderoga« (CG-47)	IS	22.01.83	30.09.04
»USS Yorktown« (CG-48)	IS	04.07.84	10.12.04
BASELINE 1			
»USS Vincennes« (CG-49)	IS	06.07.85	29.06.05
»USS Valley Forge« (CG-50)	IS	18.01.86	30.08.04
»USS Thomas S. Gates« (CG-51)	BIW	22.08.05	16.12.05
BASELINE 2			
»USS Bunker Hill« (CG-52)	IS	20.09.86	aktiv
»USS Mobile Bay« (CG-53)	IS	21.02.87	aktiv
»USS Antietam« (CG-54)	IS	06.06.87	aktiv
»USS Leyte Gulf« (CG-55)	IS	26.09.87	aktiv
»USS San Jacinto« (CG-56)	IS	23.01.88	aktiv
»USS Lake Champlain« (CG-57)	IS	12.08.88	aktiv
»USS Philippine Sea« (CG-58)	IS	18.03.89	aktiv
BASELINE 3			
»USS Princeton« (CG-59)	IS	11.02.89	aktiv
»USS Normandy« (CG-60)	BIW	09.12.89	aktiv
»USS Monterey« (CG-61)	BIW	16.06.90	aktiv
»USS Chancellorsville« (CG-62)	IS	04.11.90	aktiv
»USS Cowpens« (CG-63)	BIW	09.03.91	aktiv
»USS Gettysburg« (CG-64)	BIW	22.06.91	
BASELINE 4			
»USS Chosin« (CG-65)	IS	12.01.91	aktiv
»USS Hué City« (CG-66)	IS	14.09.91	aktiv
»USS Shiloh« (CG-67)	BIW	18.07.92	aktiv
»USS Anzio« (CG-68)	IS	02.05.92	aktiv
»USS Vicksburg« (CG-69)	IS	14.11.92	aktiv
»USS Lake Erie« (CG-70)	BIW	10.05.93	aktiv
»USS Cape St. George« (CG-71)	IS	12.06.93	aktiv
»USS Vella Gulf« (CG-72)	IS	18.09.93	aktiv
»USS Port Royal« (CG-73)	IS	04.07.94	aktiv

* IS: Ingalls Shipbuilding, Mississippi; BIW: Bath Iron Works, Maine

»Mitscher«-Klasse

(4 gebaute Einheiten)

Während des Zweiten Weltkrieges setzte die U.S. Navy ihre große Anzahl an Zerstörern primär zur Sicherung von Flugzeugträgern und anderen Überwasserschiffen ein. In dieser Funktion sollten sie feindliche U-Boot-Attacken mit Wasserbomben und Flugzeugangriffe mit einer laufend verstärkten Flak-Bewaffnung abwehren. Im Verlaufe des Krieges löste der Flugzeugträger das Schlachtschiff als schlagkräftigstes Überwasserkriegsschiff ab.

Nach dem Ende des Zweiten Weltkrieges begann die U.S. Navy mit der Planung neuer Zerstörerentwürfe, um auch in Zukunft ihre Flugzeugträger vor feindlichen U-Booten schützen zu können. Um auch der immer größer werdenden Gefahr durch Überschallflugzeuge und Raketen begegnen zu können, erfolgte eine Verringerung der Artillerie zugunsten einer verstärkten Flugabwehr. Da die ersten Luftverteidigungsraketen mit ihren Startvorrichtungen jedoch noch sehr groß und schwer waren, kamen sie zunächst nur auf umgebauten Kreuzern wie der »USS Boston« (CAG-1; siehe »Baltimore«-Klasse) zum Einsatz. Während der

1950er Jahre spaltete sich der Zerstörer in drei Untertypen. Während der erste eher einen klassischen Entwurf für ein U-Jagd-Schiff mit der Kennzeichnung »DD« darstellte, verkörperte der zweite einen Lenkwaffenzerstörer (DDG) zur Flugabwehr. Die dritte Variante war ein vergrößerter Zerstörer, der beide Einsatzprofile (U-Jagd und Flugabwehr) in sich vereinen sollte. Dieser galt als Führungszerstörer bzw. Führerzerstörer (»Destroyer Leader« / DLG) und konnte auch als Kommandoschiff von Verbänden (Flottillen) zum Einsatz kommen.

1953/54 stellte die U.S. Navy mit den vier Einheiten der »Mitscher«-Klasse ihre erste Baureihe an Nachkriegszerstörern in Dienst. Zeitgleich entstand das Einzelschiff »USS Norfolk« (DL-1), das zwar nicht zur Klasse gehörte, dessen Entwurf jedoch ähnlich war. Die ursprünglich als Zerstörer (DD) klassifizierte »Mitscher«-Klasse und die als U-Jäger konzipierte »USS Norfolk« erhielten 1955 die Bezeichnung »DL« und gelten daher als die ersten »Destroyer Leader« weltweit.

Die vier Einheiten der »Mitscher«-Klasse erhielten als Experimentalschiffe Antriebe und Bordanlagen von unterschiedlichen Herstellern, um

Das Typschiff »USS Mitscher« in den späten 1950er Jahren. Vor der Brücke befindet sich der Raketenwerfer RUR-4 »Weapon Alpha« zur U-Jagd.

Die »USS John S. McCain« als Lenkwaffenzerstörer 1969. Vor der Brücke befindet sich der »ASROC«-Starter. Im Zuge ihrer Modernisierungen fielen auf ihr und der »USS Mitscher« die 7,6-cm-Geschütze weg.

so im regulären Betrieb die besten Systeme für zukünftige Zerstörerklassen zu ermitteln. Der Antrieb bestand aus zwei Dampfturbinen und vier Kesseln. Bei einer Gesamtleistung von 60.000 bis 80.000 PS betrug die Höchstgeschwindigkeit über dreißig Knoten. Bei einer Marschfahrt von zwanzig Knoten lag die Reichweite bei rund 4.500 Seemeilen (8.300 Kilometern). Die beiden ersten Schiffe (»USS Mitscher« und »USS John S. McCain«) erhielten Turbinen von General Electric, die zwei anderen von Westinghouse (»USS Willis A. Lee« und »USS Wilkinson«). Da sich die Kesselanlagen auf der »USS Mitscher« und der »USS John S. McCain« als sehr störanfällig erwiesen, erfolgte deren Austausch zu Beginn der 1960er Jahre. Die ursprüngliche Bewaffnung bestand auf dem

Vor- und Achterschiff jeweils aus einem 12,7-cm-Einzelgeschütz (»Mk 42«) sowie einem 7,6-cm-Doppelgeschütz zur Bekämpfung von See- und Luftzielen. Acht 20-mm-Kanonen rundeten die Flugabwehr ab. Zur U-Boot-Bekämpfung erhielten die Schiffe zwei Raketenwerfer vom Typ RUR-4 »Weapon Alpha« (dem Vorläufer des späteren »ASROC«), zwei Torpedorohre auf jeder Seite sowie eine Abwurframpe für Minen am Heck.

Modernisierungen

In der zweiten Hälfte der 1950er Jahre sah die U.S. Navy in der wachsenden sowjetischen Jagd-U-Boot-Flotte eine Bedrohung für ihre eigenen Überwasserstreitkräfte und vor allem für ihre Flugzeugträger. Zu jener Zeit waren die

Schiffsklasse	»Mitscher«
Name	»USS Mitscher« (DL-2); »USS John S. McCain« (DL-3); »USS Willis A. Lee« (DL-4); »USS Wilkinson« (DL-5)
Bauwerft	»Mitscher«; »John S. McCain«: Bath Iron Works, Maine; »Willis A. Lee«; »Wilkinson«: Bethlehem Steel Co., Massachusetts
Aktive Dienstzeit	»Mitscher«: 15.05.53 - 01.06.78; »John S. McCain«: 12.10.53 - 29.04.78, »Willis A. Lee«: 05.10.54 - 19.12.69; »Wilkinson«: 29.07.54 - 19.12.69
Standard-Verdrängung	3.642 tons
Einsatz-Verdrängung	4.855 tons
Länge über alles	150 m
Breite über alles	14,5 m
max. Tiefgang	4,5 m
Antrieb	4 Dampfkessel, 4 Dampfturbinen, 60.000 - 80.000 PS
Anzahl der Wellen	2
Geschwindigkeit	mehr als 30 kn
Reichweite	4.500 sm bei 20 kn
Bewaffnung	Alle Einheiten: 2 x 12,7-cm-Geschütze; 2 x 7,6-cm-Geschütze; 8 x 20-mm-Flak; 2 x RUR-4 »Weapon Alpha«; 4 x Torpedorohre und Minen »Mitscher« und »John S. McCain« nach Umbauten: zusätzlich 1 x Doppelarmstarter für »Tartar« und (später »ASROC«-Starter anstelle der RUR-4 »Weapon Alpha«. »Willis A. Lee« und »Wilkinson« ab 1959: 4 x 7,6-cm-Doppeltürme anstelle 2 x 7,6-cm-Einzeltürmen
Besatzung	403

amerikanischen Werften jedoch mit dem Bau neuer Träger und Kreuzer bzw. deren Modernisierung ausgelastet. Somit hätte es nach Ansicht der Marineführung zu lange bis zur Inbetriebnahme neuentwickelter U-Jagd-Schiffe gedauert. Aus diesem Grund fiel die Entscheidung, vor allem vorhandene Zerstörer aus der Zeit des Zweiten Weltkrieges im Rahmen des »FRAM«-Programms (»Fleet Rehabilitation and Modernization«) ab 1959 in relativer kurzer Zeit und kostengünstig zu leistungsfähigeren U-Jägern aufzurüsten. Zu den ausgewählten Einheiten zählte auch die »Mitscher«-Klasse, welche unter anderem versuchsweise einen ferngesteuerten U-Jagd-Hubschrauber (»Drone Anti-Submarine Helicopter« / DASH) erhielt. Mitte der 1960er Jahre erfolgte der Umbau der »USS Mitscher« und der »USS John S. McCain« zu Lenkwaffenzerstörern mit den neuen Bezeichnungen »DDG-35« und »DDG-36«. Für

diesen Zweck erhielten sie je einen »Mk-13«-Doppelarmstarter für den Abschuss der Flugabwehrrakete RIM-24 »Tartar« sowie die dazugehörige Leitradarausrüstung. Das »Tartar«-Magazin fasste vierzig Flugkörper. Zudem ersetzte nun ein »ASROC«-Starter das bisherige RUR-4 »Weapon Alpha« zur U-Boot-Bekämpfung.

Im Laufe ihrer Dienstzeit kam die »Mitscher«-Klasse bei zahlreichen NATO-Übungen zum Einsatz. Darüber hinaus gehörten einige der Schiffe zu dem Aufgebot der U.S. Navy während der Kuba-Krise 1962, deren Beilegung jedoch friedlich erfolgte. 1978 stellte die U.S. Navy die »USS Mitscher« und die »USS John S. McCain« außer Dienst. Ihre beiden Schwesterschiffe und die »USS Norfolk« hatten bereits vorher die aktive Flotte verlassen. Bis 1980 erfolgte die Abwrackung alle fünf Einheiten.

»Forrest Sherman«-Klasse

(18 gebaute Einheiten)

Nach dem experimentalen »Mitscher«-Zerstörer (DD-927 bis DD-930) erfolgte zwischen 1953 und 1959 der Bau der achtzehn Einheiten der »Forrest Sherman«-Klasse (DD-931 bis DD-951). Ihr Entwurf basierte auf den Zerstörern der »Allen-M.-Sumner«- und der »Gearing«-Klasse, die noch währen des Zweiten Weltkrieges entstanden waren. Die »Forrest Sherman«-Klasse war die letzte Zerstörerbaureihe, deren Konzeption noch als reiner Artillerieträger ohne Lenkwaffen erfolgte. Die ursprüngliche Planung sah den Bau von sieben weiteren Einheiten (DD-951 bis DD-959) vor. Da die U.S. Navy jedoch zwischenzeitlich die Entwicklung von Lenkwaffenschiffen eingeleitet hatte, strich sie diese, um mehrere Einheiten der geplanten »Charles F. Adams«-Klasse mit Flugkörperbewaffnung in Auftrag geben zu können. Im Vergleich zu den Zerstörern des Zweiten Weltkrieges bot die »Forrest Sherman«-Klasse mehr Komfort für die Besatzung in Form von größeren Unterkünften und Klimaanlagen.

Bewaffnung

Obwohl die »Forrest Sherman«-Klasse für den Schutz der Trägerverbände und die U-Jagd kon-

zipiert war, konnte sie mit ihren drei 12,7-cm-Geschützen vom Typ »MK 42« auch Seeziele bekämpfen und amphibische Landungen unterstützen. Die Feuerleitung übernahm ein Radar vom Typ »Mk 56«. Zwei 7,6-cm-Doppelgeschütze dienten zur Flugabwehr von Unterschallflugzeugen. Deren Feuerleitung erfolgte durch das »Mk 68« in Kombination mit einem Luftaufklärungsradar. Zur U-Boot-Abwehr standen auf jeder Seite zwei »Mk-25«-Torpedorohre sowie zwei »Hedgehog«-Granatwerfer vor der Brücke zur Verfügung. Der Entwurf dieser stammte noch aus dem Zweiten Weltkrieg. Ähnlich wie Wasserbomben wurden diese im Nahbereich um das Schiff herum ins Wasser geschossen. Nach ihrem Versinken explodierten sie, wenn sie auf ein U-Boot trafen.

»Decatur«-Unterklasse

Während des Baus der »Forrest Sherman«-Klasse machte die Entwicklung der strahlbetriebenen Kampfflugzeuge große Fortschritte. Diese konnten nun mit Überschallgeschwindigkeit fliegen und aus sicherer Distanz zum Ziel Raketen starten, ohne in die Reichweite der gegnerischen Flak- bzw. Artillerie zu kommen. Die Schiffe waren daher mit ihrer reinen Artilleriebewaffnung und ihrer eingeschränkten U-Jagd-Kapazität praktisch wehrlos gegen moderne Flugzeuge, Raketen und U-Boote. 1964 Jahren entschied sich die U.S. Navy daher, vier Einheiten zu Lenkwaffenzerstörern umzubauen (DDG-31 bis DDG-34). Zu diesen zählten »USS Decatur«, »USS John Paul Jones«, »USS Somers« und »USS Parsons«. Nach der Entfernung der gesamten vorhandenen Bewaffnung mit Ausnahme des vorderen 12,7-cm-Geschützes erhielten die Schiffe hinter dem zweiten Schornstein einen achtzelligen »ASROC«-Starter für Raketentorpedos (jedoch ohne Nachlademagazin) sowie einen Einarmstarter vom Typ »Mk 13« für den Betrieb der Luftabwehrrakete »Tar-

Die nie modernisierte »USS Forrest Sherman« (DD-931) behielt ihre reine Artilleriebewaffnung mit drei 12,7-cm-Geschützen. Bei einer Antriebsleistung von 70.000 PS erreichte sie 32,5 Knoten.

Die »USS Parsons« (DDG-33) als Lenkwaffenzerstörer (»Decatur«-Klasse). Der »SPG-51«-Zielbeleuchter auf dem achteren Deckshaus diente als Leitsystem für die »Tartar«-Flugabwehrraketen.

tar« und später der »SM-1 MR« (»Standard Missile 1, Medium Range«). Zwei neue »Mk-32«-Dreifachtorpedorohre mit einem großen kastenförmigen Nachlademagazin vor der Brücke ersetzten die bisherigen Doppeltorpedorohre und den »Hedgehog«-Werfer.

»Barry«-Unterklasse

Nach zweijähriger Umbauzeit erfolgte 1966 die Indienststellung der vier Schiffe als »Decatur«-Klasse (DDG-31 bis DDG-34). Parallel zu diesem Projekt erfolgte der Umbau von acht weiteren Einheiten zu U-Jagd-Zerstörern mit erweiterten Kapazitäten. Die U.S. Navy fasste diese zur »Barry«-Klasse zusammen. Nach der Entfernung des 12,7-cm-Geschützes hinter dem zweiten Schornstein fand dort ein achtzelliger »ASROC«-Starter mit einem davor platzierten automatischen Nachlademagazin Aufstellung. Wie auf der »Decatur«-Klasse ersetzten zwei neue »Mk-32«-Dreifachtorpedorohre vor der Brücke die bisherige Torpedobewaffnung sowie den dortigen »Hedgehog«-Werfer.

Die beiden veralteten 7,6-cm-Geschütze entfielen ebenfalls. Die übrigen sechs Schiffe der »Forrest Sherman«-Klasse erhielten aus Budgetgründen keine Kampfwertsteigerung zu Lenkwaffen- oder U-Jagd-Schiffen. Aus diesem Grund verblieben sie für ihre restliche Dienstzeit nahezu in ihrem Ursprungszustand.

Einsatzprofil und -geschichte

Während die »Barry«-Klasse meistens als U-Jäger bei Trägerverbänden diente, kam die »Decatur«-Klasse zu deren Schutz vor Luftangriffen zum Einsatz. Letztere konnte dank ihrer Luftabwehrraketen auch allein operieren. Die übrigen Einheiten eigneten sich aufgrund ihrer vollständig gebliebenen 12,7-cm-Rohrbewaffnung für den Küstenbeschuss bzw. die Unterstützung von amphibischen Landeoperationen. Noch vor ihrem Umbau kamen einige Einheiten der »Forrest Sherman«-Klasse im Jahre 1962 als Teil der amerikanischen Seeblockade während der Kuba-Krise zum Einsatz.

Vietnamkrieg

Anfang August 1964 patrouillierte die »USS Turner Joy« (DD-951) im Golf von Tonkin vor der vietnamesischen Küste. Zu jenem Zeitpunkt befanden sich die USA noch nicht offiziell im Krieg mit Nordvietnam, unterstützten jedoch mit großem Aufwand die südvietnamesischen Streitkräfte. Am 2. August 1964 kam es zu einem Seegefecht zwischen nordvietnamesischen Torpedobooten und dem Zerstörer »USS Maddox« (DD-731 / »Allen-M.-Sumner«-Klasse), welcher sich auf einem elektronischen Aufklärungseinsatz (»Operation Desoto«) zur Auskundschaftung der nordvietnamesischen Streitkräfte (Vietnamesische Volksarmee) befand. Die Gründe für diesen Schlagabtausch sind bis heute

Diese Aufnahme von Bord der »USS Maddox« zeigt die drei nordvietnamesischen Torpedoboote während des Seegefechts am 2. August 1964. Von den vermeintlichen Torpedobooten des 4. August 1964 sind keine Fotos bekannt.

umstritten. Während des Kampfes versenkte die »USS Maddox« eines der Boote und rief die »USS Turner Joy« um Hilfe. Diese traf jedoch erst nach dem Abbruch des Gefechts ein. Als die beiden Zerstörer zwei Tage später, am 4. August, dann gemeinsam im Rahmen der »Operation Desoto« operierten, erfasste die »USS Turner Joy« mehrere Radarkontakte, interpretierte diese als Angriffe von Torpedobooten und eröffnete das Feuer. Die amerikanische Führung nahm vor allem dieses als »Tonkin Incident« (»Zwischenfall von Tonkin«) bekannt

gewordene Ereignis zum Anlass, offiziell auf der Seite Südvietnams in den Vietnamkrieg einzutreten. Die nordvietnamesische Seite erklärte jedoch, sie habe keine Torpedoangriffe auf die beiden Zerstörer zum besagten Zeitpunkt durchgeführt. Auch auf amerikanischer Seite gab es im Nachhinein erhebliche Zweifel, ob die vermeintlichen Radarkontakte wirklich angreifende Torpedoboote darstellten oder die zu jenem Zeitpunkt schlechten Wetterverhältnisse ein falsches Bild erzeugten. Je nach Quelle soll der Aufenthalt der beiden Zerstörer im Golf von Tonkin auch dazu gedient haben, einen Kriegseintritt der USA zu rechtfertigen. Aus diesen Gründen sind die Ereignisse vom 4. August 1964 bis heute sehr umstritten.

Im Laufe des Vietnamkrieges operierte die »Forrest Sherman«-Klasse primär vor der vietnamesischen Küste. Dort schützten die modernisierten Einheiten der »Decatur«- und der »Barry«-Unterklasse zusammen mit anderen Überwassereinheiten die Trägerkampfgruppen. Die nicht modernisierten Einheiten unterstützten mit ihren drei 12,7-cm-Geschützen verschiedene Landungsoperationen. Die »USS Hull« (DD-945) diente in den 1970er Jahren als Erpro-

Schiffsklasse	»Forrest Sherman«
Aktive Dienstzeit	1955 - 1988
Standard-Verdrängung	ca. 2.800 tons
Einsatz-Verdrängung	4.050 - 4.150 tons
Länge über alles	127 m
Breite über alles	13,8 m
max. Tiefgang	6,7 m
Antrieb	4 Dampfkessel, 2 Dampfturbinen, 70.000 PS
Anzahl der Wellen	2
Geschwindigkeit	32,5 kn
Reichweite	4.000 - 4.500 sm bei 20 kn
Bewaffnung	»Forrest Sherman«-Klasse: 3 x 12,7-cm-Geschütze; 2 x 7,6-cm-Geschütze; 4 x Torpedorohre; 2 x »Hedgehog«-Werfer »Decatur«-Klasse: 1 x 12,7-cm-Geschütze; 1 x Einarmstarter für »Tartar«/»SM«, 8 x »ASROC«-Starter; 6 x Torpedorohre »Barry«-Klasse: 2 x 12,7-cm-Geschütze; 1 x »ASROC«-Starter; 6 x Torpedorohre
Besatzung	324 - 350

Name	Bauwerft*	Indienststellung	Außerdienststellung
»USS Forrest Sherman« (DD-931)	BIW	09.11.55	05.11.82
»USS John Paul Jones« (DD-932/DDG-32)	BIW	05.04.56	15.12.82
»USS Barry« (DD-933)	BIW	07.09.56	05.11.82
»USS Decatur« (DD-936/DDG-31)	BSC	07.12.56	30.06.83
»USS Davis« (DD-937)	BSC	28.02.57	20.12.82
»USS Jonas Ingram« (DD-938)	BSC	19.07.57	04.03.83
»USS Manley« (DD-940)	BIW	01.02.57	04.03.83
»USS Du Pont« (DD-941)	BIW	01.07.57	04.03.83
»USS Bigelow« (DD-942)	BIW	08.11.57	05.11.82
»USS Blandy« (DD-943)	BSC	26.11.57	05.11.82
»USS Mullinnix« (DD-944)	BSC	07.03.58	11.08.83
»USS Hull« (DD-945)	BIW	03.07.58	11.07.83
»USS Edson« (DD-946)	BIW	07.11.58	15.12.88
»USS Somers« (DD-947/DDG-34)	BIW	09.04.59	19.11.82
»USS Morton« (DD-948)	IS	26.05.59	22.11.82
»USS Parsons« (DD-949/DDG-33)	IS	29.10.59	19.11.82
»USS Richard S. Edwards« (DD-950)	PSBD	05.02.59	18.12.82
»USS Turner Joy« (DD-951)	PSBD	03.08.59	22.11.82

* BIW: Bath Iron Works, Maine; BSC: Bethlehem Steel Corporation, Massachusetts; IS: Ingalls Shipbuilding, Mississippi; PSBD: Puget Sound Bridge and Dredging Company, Washington

bungsträger für ein neues 20,3-cm-Geschütz vom Typ »Mk 71«, welches jedoch keine Serienreife erlangte. Die »USS Bigelow« (DD-942) verfügte zur gleichen Zeit über ein Testexemplar der 20-mm-Kanone vom Typ »Phalanx«. Die U.S. Navy führte diese wenig später als Nahverteidigungssystem gegen Flugzeuge und Raketen (»Close-in-Weapons-System«) ein.

Bis 1983 erfolgte die Ausmusterung der »Forrest Sherman«-Klasse und ihrer beiden Unterklassen. Die in den 1970er Jahren in Dienst gestellte »Spruance«-Klasse hatte die in die Jahre gekommenen Schiffe überflüssig gemacht, sodass eine kostenintensive Modernisierung nicht tragbar gewesen wäre. Während fünfzehn Einheiten in den folgenden Jahren entweder abgewrackt wurden oder als Zielschiffe sanken, fanden drei eine neue Verwendung als Museen. Die »USS Edson« (DD-946) befand sich ab 1989 zunächst im Sea-Air-Space Museum in New York City und gehört seit 2012 zum Saginaw Valley Naval Ship Museum in Bay City, Michigan. Die »USS Turner Joy« (DD-951) befindet seit 1992 in Bremerton im Bundesstaat Washington. Die »USS Barry« (DD-993) diente

seit 1983 als schwimmende Attraktion im Anacostia River neben dem U.S. Navy Museum in der Washington Navy Yard. 2015 fiel jedoch die Entscheidung, das Schiff in naher Zukunft abwracken zu lassen. Sinkende Besucherzahlen, hohe Kosten für eine dringend notwendige Instandsetzung sowie der geplante Bau einer neuen Brücke, die das Schiff von einem möglichen Trockendock abgeschnitten hätte, hatten hierfür den Ausschlag gegeben.

1964 kollidierte die »USS Decatur« infolge eines Steuerschadens mit dem Träger »USS Lake Champlain«. Die Reparatur erfolgte zusammen mit der Konvertierung zum Lenkwaffenzerstörer bis 1966.

»Farragut«-Klasse

(10 gebaute Einheiten)

In den frühen 1950er Jahren begann die Entwicklung der »Farragut«-Klasse als »Destroyer Leader« (Führungszerstörer bzw. Zerstörerführer), der dem Entwurf der »Mitscher«-Klasse ähnelte. Die auch als »Large Frigate« (Große Fregatte) klassifizierte Baureihe sollte ursprünglich eine reine Rohrbewaffnung erhalten und aus zehn Schiffen bestehen (DL-6 bis DL-15). Noch während des Baus fiel die Entscheidung, alle Einheiten als Lenkwaffenschiffe fertigzustellen. Neben der Erkenntnis, dass Rohrwaffen zu langsam für die Abwehr von Überschallflugzeugen und Raketen waren, wurde der U.S. Navy zunehmend bewusst, dass sie ihre wertvollen Überwasserschiffe wie die Flugzeugträger im schlimmsten Fall vor massiven sogenannten »Sättigungsangriffen« (»Saturation Missile Attacks«) des Warschauer Paktes schützen musste. Diese Angriffe bestanden aus einer Vielzahl von simultan abgeschossenen see- und luftgestützten Flugkörpern, die bei einem gleichzeitigen Eintreffen die Abwehrfähigkeiten von NATO-Kriegsschiffen überwältigen bzw.

überfordern sollten. Neben der Entwicklung von Abfangjägern, die über den Trägern im Bereitschaftsflug kreisen und im Ernstfall anfliegende Raketen vernichten sollten, erhielten auch Überwasserschiffe Flugkörper zur Luftabwehr. Die Fertigstellung der »Farragut«-Klasse als »DLG«-Schiffe (»Destroyer Leader Guided Missile«) erfolgte zwischen 1959 und 1961. Da das vierte Schiff der Reihe, die »USS Coontz«, als erstes Lenkwaffenschiff (DLG-9) bestellt wurde, ist die gesamte Baureihe auch als »Coontz«-Klasse bekannt. 1975 erfolgte im Rahmen der allgemeinen Schiffsneubenennungen in der U.S. Navy die Umklassifizierung von »DLG« zu »DDG« (Lenkwaffenzerstörer). Da die Nummern »DDG-6« bis »DDG-15« bereits an Einheiten der nachfolgenden »Charles F. Adams«-Klasse vergeben waren, erhielt die »Farragut«-Klasse als einzige Baureihe neue Nummern (DDG-37 bis DDG-46). Während der Rumpf aus Stahl bestand, waren die Aufbauten zur Gewichtseinsparung hauptsächlich aus Leichtmetallen wie Aluminium gefertigt. Da die Schiffe über zusätzliche Räumlichkeiten für Stabsoffiziere verfügten, waren sie auch als Flaggschiffe für kleinere

Die »USS King« 1983. Das rechteckige dreidimensionale »SPS-48«-Zielzuweisungsradar auf dem Vordermast diente zur Erfassung bzw. Verfolgung von Flugobjekten. Es war Teil der Flugabwehr, um eine umgehende Zielbekämpfung zu ermöglichen. Der hintere Mast trägt das zweidimensionale »SPS-49«-Luftüberwachungsradar.

Schiffsklasse	»Farragut«
Aktive Dienstzeit	1960 - 1993
Standard-Verdrängung	4.167 tons
Einsatz-Verdrängung	5.648 tons
Länge über alles	156,3 m
Breite über alles	15,8 m
max. Tiefgang	ca. 5,4 m
Antrieb	4 Dampfkessel, 2 Dampfturbinen, 85.000 PS
Anzahl der Wellen	2
Geschwindigkeit	ca. 32 kn
Reichweite	5.000 sm bei 20 kn
Bewaffnung	1 x 12,7-cm-Geschütz; 1 x Doppelarmstarter für »Terrier«/»SM«; 1 x »ASROC«-Starter; 6 x Torpedorohre; ab 1980: 4 x »Harpoon«
Besatzung	360

Verbände einsetzbar. Mit ihren zwei Dampfturbinen und einer Gesamtleistung von 85.000 PS erreichte die »Farragut«-Klasse eine Höchstgeschwindigkeit von gut 32 Knoten.

Bewaffnung:
Die Hauptbewaffnung bestand aus einem Doppelarmstarter vom Typ »Mk 10« auf dem Achterschiff. Dieser konnte Luftabwehrraketen vom Typ RIM-2 »Terrier« und nach einer Modernisierung die »SM-1 ER« (»Standard Missile 1, Extended Range«) abfeuern. Das dazugehörige Nachlademagazin fasste bis zu vierzig Flugkörper. Zur U-Boot-Bekämpfung diente ein achtzelliger »ASROC«-Starter mit Raketentorpedos vor der Brücke. Da dieser über kein Magazin für weitere Torpedos verfügte, war ein Nachladen nach dem Abschuss der acht vorhandenen Waffen auf See nicht möglich. Die »USS Farragut« erhielt im Rahmen einer Werftliegezeit ein Nachlademagazin für die »ASROC«-Torpedos auf ihrem Vorderdeck. Da dieses jedoch die Stabilität des leichten Schiffes beeinträchtigte und zudem kostspielig war, sah man bei den Schwesterschiffen von einem Einbau ab. Ebenfalls zur U-Jagd dienten sechs Torpedorohre in Dreiergruppen auf beiden Seiten. Auf dem Vorschiff befand sich ein radargeleitetes 12,7-cm-

Mehrzweckgeschütz vom Typ »Mk 42« zur Bekämpfung von See- und Landzielen sowie zur eingeschränkten Luftabwehr. Ab 1980 erfolgte auf beiden Seiten des achteren Deckshauses der Einbau von jeweils einer Startvorrichtung für je vier Seezielflugkörper bzw. Antischiffsraketen vom Typ AGM-84 »Harpoon«.

Hubschrauberdeck
Bei ihrer Indienststellung verfügte die »Farragut«-Klasse auf dem Achterschiff über eine sogenannte »VERTREP«-Fläche (»Vertical Replenishment«) für die Versorgung durch schwebende Hubschrauber. Bei einigen Einheiten erfolgte später ein Umbau dieses Bereichs unter Einbeziehung von Haltevorrichtungen und Treibstofftanks, um Hubschrauber auch landen bzw. starten und versorgen zu können. Eine dauerhafte Mitführung dieser Fluggeräte sowie deren Schutz vor der Witterung waren in Ermangelung eines Hangars hingegen nicht möglich. Zur Erfassung von U-Booten verfügte die »Farragut«-Klasse über eine Sonaranlage im Schiffsboden. Neben Systemen zur Elektronischen Kriegsführung konnten die Schiffe auch Düppel und Flares in die Luft schießen, um feindliche Flugkörper abzulenken.

Ein Hubschrauber lässt einen Mann über der »VERTREP«-Fläche der »USS William V. Pratt« herab. Die »Farragut«-Klasse hatte keinen Hangar. Während der »Operation Desert Storm« 1991 diente die »USS William V. Pratt« als Eskorte für die Träger »USS Saratoga« und »USS John F. Kennedy«.

Einsatzprofil und -geschichte

Wie schon ihre Vorgänger sollten die Einheiten der »Farragut«-Klasse primär die eigenen Trägerkampfgruppen vor Luft- und U-Boot-Angriffen schützen. Durch die spätere Nachrüstung mit »Harpoon«-Flugkörpern waren sie zudem zur Bekämpfung von Überwasserschiffen fähig.

Während des Vietnamkrieges kamen einige Schiffe neben ihren Eskortaufgaben auch für die Deckung von Landungen sowie für den Beschuss von Landzielen zum Einsatz. Die mitgeführten Hubschrauber konnten bei ihren »CSAR«-Missionen (»Combat Search and Rescue«) zahlreiche abgeschossene oder notgelandete amerikanische Piloten aus feindlichen Gebieten retten. Während des Iran-Irak-Krieges eskortierten Einheiten der »Farragut«-Klasse Tanker und andere Schiffe im Persischen Golf. Während der US-Invasion in Grenada (Karibik) im Oktober 1983 deckte die »USS Coontz« die amphibischen Operationen durch ihr Geschütz-feuer und beschützte die eigenen Seestreitkräfte vor Kleinbootangriffen. Im Laufe der »Operation Desert Storm« 1991 schützten Einheiten der »Farragut«-Klasse Flugzeugträger- und andere Überwasserverbände vor möglichen irakischen Flugkörperangriffen. In der Folgezeit halfen die Schiffe, die Sanktionen der Vereinten Nationen (UN) gegen den Irak durchzusetzen.

Zwischen 1989 und 1993 erfolgte die Außerdienststellung der gesamten Klasse, da sie zu jenem Zeitpunkt die vorgesehene Dienstzeit von rund dreißig Jahren erreicht hatte. Eine mögliche Modernisierung hätte sich nicht gerechnet, da deren Kosten angesichts der nur noch geringen Restverwendungsdauer zu hoch gewesen wären. Zudem hatten die moderneren Zerstörer der »Spruance«-, »Kidd«- und »Arleigh Burke«-Klasse die Einheiten der »Farragut«-Klasse ersetzt. Da in den Jahren nach ihrer Außerdienststellung die Abwrackung erfolgte, existiert heute kein Schiff dieser Baureihe mehr.

Name	Bauwerft*	Indienststellung	Außerdienststellung
»USS Farragut« (DDG-37)	BSC	10.12.60	31.10.89
»USS Luce« (DDG-38)	BSC	20.05.61	01.04.91
»USS MacDonough« (DDG-39)	BSC	04.11.61	23.10.92
»USS Coonz« (DDG-40)	PSNY	15.07.60	02.10.89
»USS King« (DDG-41)	PSNY	17.11.60	28.03.91
»USS Mahan« (DDG-42)	SFNY	25.12.60	15.06.93
»USS Dahlgren« (DDG-43)	PNSY	08.04.61	31.07.92
»USS William V. Pratt« (DDG-44)	PNSY	04.11.61	30.09.91
»USS Dewey« (DDG-45)	BIW	07.12.59	31.08.90
»USS Preble« (DDG-46)	BIW	09.05.60	15.11.91

* BSC: Bethlehem Steel Corporation, Massachusetts; PSNY: Puget Sound Naval Shipyard, Washington; SFNY: San Francisco Naval Shipyard, Kalifornien; PNSY: Philadelphia Naval Shipyard, Pennsylvania; BIW: Bath Iron Works, Maine

»Charles F. Adams«-Klasse

(23 gebaute Einheiten)

Ein Jahr nach dem Baubeginn der »Farragut«-Klasse erfolgte 1958 bereits die Kiellegung des ersten Schiffes der nachfolgenden »Charles F. Adams«-Klasse. Somit entstanden beide Zerstörerklassen parallel zueinander. Die neue Baureihe basierte weitgehend auf dem bewährten Entwurf der »Forrest Sherman«-Klasse und sollte aus 23 Einheiten bestehen. Ursprünglich sollte sie als klassischer Zerstörer mit reiner Rohrbewaffnung entstehen. Daher erhielten die ersten acht Einheiten nach der Freigabe zum Bau die Bezeichnungen »DD-952« bis »DD-959«. Noch vor der Kiellegung des ersten Schiffes entschied sich die U.S. Navy jedoch zu einer Entwurfsänderung und konzipierte die zukünftige »Charles F. Adams«-Klasse direkt als Lenkwaffenzerstörer. Mit dieser Entscheidung trug sie der zunehmenden Gefahr durch feindliche Überschallflugzeuge und Raketen Rechnung (siehe auch »Farragut«-Klasse). Daher erfolgte die Umklassifizierung der acht bereits zum Bau freigegebenen Einheiten (DD-952 bis DD-959) zu Lenkwaffenzerstörern mit den Kennzeichnungen »DDG-2« bis »DDG-9«. Die nachfolgenden Schiffe erhielten die Nummern »DDG-10« bis »DDG-24«. Die Bezeichnung »DDG-1« hatte bereits der Zerstörer »USS Gyatt« der »Gearing«-Klasse aus dem Zweiten Weltkrieg erhalten. Dieses Schiff verfügte seit 1956 versuchsweise über zwei Doppelarmstarter für die Flugabwehrrakete RIM-2 »Terrier« und war daher der erste Lenkwaffenzerstörer weltweit. Die »Charles F. Adams«-Klasse hingegen war die erste von Grund auf entwickelte Zerstörerbaureihe mit Lenkwaffen. Mit ihren zwei Dampfturbinen und einer Gesamtleistung von 70.000 PS erreichten die Schiffe eine Höchstgeschwindigkeit von 33 Knoten.

Bewaffnung und Einsatzprofil

Obwohl alle 23 Einheiten in lediglich sechs Jahren (1958-64) entstanden waren, bewirkte der Zugang neuer Waffensysteme und Ausrüstungen während dieses Zeitraums, dass sich die ersten dreizehn Schiffe (DDG-2 bis DDG-14) von den letzten zehn (DDG-15 bis DDG-24) unterschieden. Während die erste Gruppe

Die »USS Tattnal« (DDG-19) im Suez-Kanal 1990. Bei den ersten achtzehn Einheiten (DDG-2 bis DDG-19) befand sich das »SQS-23«-Sonar im Schiffsboden, bei den letzten vier (DDG-20 bis DDG-24) im Bug.

Die »USS Conyngham« (DDG-17) 1984. Wie beim Vorgänger fehlte ein Hubschrauberhangar. Achtern gab es lediglich eine Fläche für die Versorgung durch schwebende Helikopter (»Vertical Replenishment« / VERTREP).

auf dem Achterschiff einen Doppelarmstarter vom Typ »Mk 11 Mod. 0« für die Luftabwehrrakete RIM-24 »Tartar« erhielt, bekam die zweite ab der »USS Berkeley« (DDG-15) an dieser Stelle einen Einfachstarter »Mk 13 Mod. 0« sowie verbesserte Radarsysteme. Nach der Ausmusterung der »Tartar« dienten die Starter für den Betrieb der »SM-1 MR« (»Standard Missile 1, Medium Range«). Ab den frühen 1980er Jahren konnten die ersten dreizehn Schiffe (DDG-2 bis DDG-14) über ihre »Mk-11«-Raketenstarter auch die AGM-84 »Harpoon« zur Seezielbekämpfung abfeuern. Identisch hingegen war auf allen Schiffen die Artilleriebewaffnung in Form von je einem 12,7-cm-Mehrzweckgeschütz (»Mk 42«) auf dem Vor- und dem Achterschiff. Dies gilt auch für die Bewaffnung zur U-Boot-Bekämpfung: Mittschiffs befand sich ein achtzelliger »ASROC«-Starter für Raketentorpedos und vorne an der Brücke war auf beiden Seiten je ein dreifacher Torpedorohrsatz angebracht. Die »Charles F. Adams«-Klasse war auch mit Systemen zur Elektronischen Kriegsführung bzw. Aufklärung ausgestattet. Um anfliegende feindliche Flugkörper ablenken zu können, konnten die Schiffe Täuschkörper (Düppel und Flares) in die Luft schießen. Das Einsatzprofil entsprach dem ihrer Vorgänger: Gleitschutz, U-Jagd und Seezielbekämpfung.

Einsatzgeschichte

Wie ihr Vorgänger kamen Einheiten der »Charles F. Adams«-Klasse während des Vietnamkrieges zum Schutz der Flugzeugträger vor Luftangriffen im Südchinesischen Meer zum Einsatz. Zudem halfen die Zerstörer als Vorpostenschiffe bei der Identifikation von zurückkehrenden Flugzeugen und Hubschraubern sowie bei der Koordination zur Rettung abgeschossener amerikanischer Piloten. Einige Schiffe bewegten sich auch in Küstennähe, um mit ihrer präzisen radargeleiteten 12,7-cm-Artillerie Landziele unter Beschuss zu nehmen. Während des Iran-Irak-Krieges in den 1980er Jahren kamen Einheiten der Klasse im Rahmen der »Operation Ernest Will« unter anderem zum Schutz von Öltankern zum Einsatz. Während der »Operation Desert Storm«, der Befreiung Kuwaits von der irakischen Besatzung 1991, kam die »Charles F. Adams«-Klasse primär im Geleitschutzdienst zu ihren letzten Einsätzen. Eine in Erwägung gezogene Modernisierung fand aus Kostengründen nicht mehr statt. Nach der Ausmusterung der gesamten Klasse in den frühen 1990er Jahren erfolgte der Verkauf von sechs Einheiten an ausländische Marinen. Von den verbliebenen Schiffen wurden in den folgenden Jahren elf abgewrackt und vier als Zielschiffe versenkt. Die »ex-USS Benjamin Stoddert« sank 2001 im Schlepp versehentlich im Pazifik auf dem Weg zu ihrer Zerlegung. Gegenwärtig bemüht sich eine Organisation, das Typschiff »ex-USS Charles F. Adams« als schwimmendes Museum für die Nachwelt zu erhalten.

Unterklassen für ausländische Marinen

Neben den 23 Zerstörern der »Charles F. Adams«-Klasse für die U.S. Navy bauten die amerikanischen Werften sechs weitere modifizierte Einheiten. Drei von diesen hatte die deutsche Bundesmarine 1964 als Klasse 103 (»Lütjens«-Klasse) bestellt. Diese erhielten die Namen »Lütjens« (D-185), »Mölders« (D-186) und »Rommel« (D-187) und waren auf die Bedürfnisse der deutschen Nutzer ausgelegt. Nach ihrer Indienststellung 1969/70 bildeten sie das 1. Zerstörergeschwader in Kiel. Die »Lütjens«-Klasse beteiligte sich regelmäßig an Manövern der NATO-Einsatzverbände im Atlantik sowie im Mittelmeer und leistete ihren Beitrag bei verschiedenen Seeraumüberwachungseinsätzen im Rahmen der »Operation Active Endeavour« nach den Terroranschlägen des 11. Septembers 2001. Im Laufe ihrer Dienstzeit durchliefen die Schiffe zwei größere Modernisie-

Start einer »Standard Missile 1« von der »USS Cochrane« 1990.

rungen. Die Außerdienststellung der »Lütjens«-Klasse erfolgte zwischen 1998 und 2003. Während die »Lütjens« und die »Rommel« abgewrackt wurden, ist die »Mölders« heute als Museumsschiff im Marinemuseum Wilhelmshaven erhalten.

Die übrigen drei Einheiten entstanden im Auftrag der Royal Australian Navy. Diese hielt die Schiffe als »Perth«-Klasse zwischen 1965 und 2001 in Dienst. 1994 folgte der Erwerb der ehemaligen »USS Goldsborough« (DDG-20) der amerikanischen »Charles F. Adams«-Klasse, um deren Ausrüstungsteile für die Ausbildung von Kadetten an Land zu nutzen und das Schiff selbst als Ersatzteillager für die eigenen Zerstö-

Schiffsklasse	»Charles F. Adams«
Aktive Dienstzeit	1960 - 1993
Standard-Verdrängung	ca. 3.277 tons
Einsatz-Verdrängung	4.526 tons
Länge über alles	133 m
Breite über alles	14 m
max. Tiefgang	4,6 m
Antrieb	4 Dampfkessel, 2 Dampfturbinen, 70.000 PS
Anzahl der Wellen	2
Geschwindigkeit	33 kn
Reichweite	4.500 sm bei 20 kn
Bewaffnung	DDG-2 bis DDG-14: 1 x Doppelstarter (»MK-11«) für »Tartar«/»SM« DDG-15 bis DDG-24: 1 x Einfachstarter (»Mk-13«) für »Tartar«/»SM« Alle Einheiten: 2 x 12,7-cm-Geschütze, 1 x »ASROC«-Starter; 6 x Torpedorohre; ab 1980: Doppelarmstarter auch »Harpoon«-tauglich
Besatzung	333

Name	Bauwerft*	Indienststellung	Außerdienststellung
»USS Charles F. Adams« (DDG-2)	BIW	10.09.60	01.08.90
»USS John King« (DDG-3)	BIW	04.02.61	30.03.90
»USS Lawrence« (DDG-4)	NYSC	06.01.62	30.03.90
»USS Claude V. Ricketts« (DDG-5)	NYSC	05.05.62	31.10.89
»USS Barney« (DDG-6)	NYSC	11.08.62	17.12.90
»USS Henry B. Wilson« (DDG-7)	DSC	14.12.60	02.10.89
»USS Lynde McCormick« (DDG-8)	DSC	03.06.61	01.10.91
»USS Towers« (DDG-9)	TPS	06.06.61	01.10.90
»USS Sampson« (DDG-10)	BIW	24.06.61	24.06.91
»USS Sellers« (DDG-11)	BIW	28.10.61	31.10.92
»USS Robison« (DDG-12)	DSC	09.12.61	01.10.91
»USS Hoel« (DDG-13)	DSC	16.06.62	01.10.90
»USS Buchanan« (DDG-14)	TPS	07.02.62	01.10.92
»USS Berkeley« (DDG-15)	NYSC	15.12.62	30.09.92
»USS Joseph Strauss« (DDG-16)	NYSC	20.04.63	01.02.90
»USS Conyngham« (DDG-17)	NYSC	13.07.63	30.10.90
»USS Semmes« (DDG-18)	AS	10.12.62	14.04.91
»USS Tattnall« (DDG-19)	AS	13.04.63	18.01.91
»USS Goldsborough« (DDG-20)	PSNY	09.11.63	29.04.93
»USS Cochrane« (DDG-21)	PSBD	21.03.64	01.10.90
»USS Benjamin Stoddert« (DDG-22)	PSBD	12.09.64	20.12.91
»USS Richard E. Byrd« (DDG-23)	TPS	07.03.64	27.04.90
»USS Waddell« (DDG-24)	TPS	28.08.64	01.10.92

*BIW: Bath Iron Works, Maine; NYSC: New York Shipbuilding Corporation, New Jersey; DSC: Defoe Shipbuilding Company, Michigan; TPS: Todd Pacific Shipyards, Washington; AS: Avondale Shipyard, Louisiana; PSNY: Puget Sound Naval Shipyard, Washington; PSBD: Puget Sound Bridge and Dredging Company, Washington

Die »Mölders« bei der Erprobung 1969. Die drei deutschen Einheiten erhielten eine abgewandelte Elektronik sowie einen zweiten Mast.

rer zu verwenden. Nach der Entfernung aller verwertbaren Teile erfolgte der Verkauf zum Abbruch an eine indische Firma. Nach der Ausmusterung der drei Einheiten der »Perth«-Klasse endeten diese als künstliche Riffe bzw. Attraktionen für Wracktaucher in australischen Gewässern.

Als die U.S. Navy ihre Schiffe der »Charles F. Adams«-Klasse in den frühen 1990er Jahren ausmusterte, erwarb die Griechische Marine die »Berkeley«, die »Joseph Strauss«, die »Semmes« sowie die »Waddell« und reihte diese als »Kimon«-Klasse in ihre Flotte ein. 1993 erfolgte der Kauf der »Richard E. Byrd« als Ersatzteillager für die vier aktiven Einheiten. Nach mehr als einem Jahrzehnt Dienstzeit musterte Griechenland alle Schiffe aus. Während zwei abgewrackt wurden, sanken die anderen als Zielschiffe.

»Spruance«-Klasse

(31 gebaute Einheiten)

Während der 1960er Jahre verfügte die U.S.
Navy neben den nach 1945 gebauten 57 Zerstörern auch über rund 250 ältere Einheiten aus
dem Zweiten Weltkrieg. Diese setzten sich größtenteils aus der »Fletcher«-, »Allen-M.-Sumner«-
und »Gearing«-Klasse zusammen. Während
Erstere nach dem Krieg mit wenigen Ausnah-
men nur leicht modernisiert wurde, erhielten die
beiden anderen Baureihen ab 1959 aufwändige
Kampfwertsteigerungen im Rahmen von zwei
»FRAM«-Programmen (»Fleet Rehabilitation and
Modernization I + II«). Diese steigerten die
U-Jagd-Kapazitäten der vorhandenen Schiffe in
einem zeitlich überschaubaren und finanziell
vertretbaren Rahmen, um die eigenen Trägerkampfgruppen und Verbände im Ernstfall besser
gegen die erstarkende sowjetische U-Boot-Flotte
schützen zu können. Da diese Zerstörer aus den
1940er Jahren stammten und auf eine Dienst-

zeit von 30 bis 35 Jahren ausgelegt waren,
plante die U.S. Navy deren Ausmusterung für
die 1970er Jahre. Aus diesem Grund benötigte
die Flotte leistungsfähige neue Zerstörer, um
auch nach 1975 ihre Träger und Überwasserverbände wirkungsvoll vor U-Boot- und Luftangriffen schützen zu können.
Nach der Genehmigung von dreißig Einheiten
erhielten diese die Nummern »DD-963« bis
»DD-992« (»DD« für Zerstörer), obwohl sie
wegen ihrer Bestückung mit Flugkörpern eigentlich die Bezeichnung »DDG« hätten tragen sollen. Der Bau der gesamten »Spruance«-Klasse
erfolgte ab 1972 bei der Werft Ingalls Shipbuilding in Pascagoula, Mississippi, in Form eines
»Total Package Procurement«: Die Vergabe
eines Großauftrags mit hoher Stückzahl sollte
die Gesamtbaukosten senken, da zum Beispiel
viele Bestandteile der Schiffe durch Serienferti-
gung schneller und kostensparender herstellbar
waren. Zudem war die Werft für die Beschaffung

*Die »USS Arthur W. Radford« (DDG 968) mit der »USS George Washington«. Während der 1970er und
1980er Jahre enthielt jede Flugzeugträgerkampfgruppe in der Regel zwei »Spruance«-Zerstörer. Die
Klasse verfügte über zwei SH-60-»Seahawk«-Hubschrauber und ein Landedeck mit Hangar.*

Die »USS Fife« (DD-991) nach dem Einbau des »Mk 41 Vertical Launch System« vor den Aufbauten. Insgesamt erhielten 24 Einheiten das »Mk 41 VLS«. Während der »Operation Desert Storm« schoss die »Spruance«-Klasse 112 »Tomahawks« (Stückpreis 1 Million US-Dollar) auf irakische Landziele ab.

und den Einbau der Waffensysteme zuständig. Für die geplante schnelle Fertigstellung der Schiffskörper kam die damals noch neue Sektionsbauweise zur Anwendung. Diese bietet vor allem den Vorteil, dass sich einzelne Stromkabel und Rohrverbindungen sowie andere Elemente bereits in den einzelnen Sektionen befinden. Dieses müssen dann beim Zusammenfügen der Sektionen nur noch miteinander verbunden werden. Dies ist weniger aufwändig und somit zeit- und kostensparender als der Einbau in den fertigen Schiffskörper. Da das damals noch neue Verfahren verschiedene technische Hürden aufwies, verzögerte sich die Fertigstellung der Schiffe um etwa zwei Jahre. Die Indienststellung der dreißigsten Einheit, der »USS Fletcher« (DD-992), erfolgte 1980. Im Jahr zuvor war noch die Bewilligung eines weiteren Schiffes erfolgt. Dieses erhielt den Namen »USS Hayler« (DD-997). Die zwischen ihr und der »USS Fletcher« (DD-992) fehlenden vier Nummern (993 bis 996) gingen an die zwischenzeitlich in Bau gegebenen Einheiten der »Kidd«-Unterklasse (siehe »Kidd«-Klasse). Parallel zu den ersten dreißig »Spruance«-Zerstörern fertigte die Werft Ingalls Shipbuilding auch die fünf Einheiten der amphibischen Angriffsschiffe der »Tarawa«-Klasse in Sektionsbauweise (siehe »Tarawa«-Klasse). Die 1983 in

Dienst gestellte »USS Hayler« sollte im Vergleich zu ihren Schwesterschiffen einen größeren Hangar zur Aufnahme von mehr als zwei Hubschraubern erhalten. Da zu Beginn der 1980er Jahre in der Flotte generell keine ausreichende Zahl an diesen Fluggeräten zur Verfügung stand, erfolgte die Fertigstellung des Schiffes schließlich nach dem Originalentwurf der Klasse. Da der Einbau der Waffen- und Bordsysteme zum Teil in Modulform erfolgt war, war es möglich, diese auf einfache Weise durch neue Anlagen auszutauschen. Zudem verfügten die Schiffe über sogenannte »Leerplätze« im Inneren sowie auf den Decks, um über genügend Platz für die Installation zukünftiger Technologien und Aggregate zu verfügen.

Bewaffnung

Bei ihrer Indienststellung verfügten die Schiffe der »Spruance«-Klasse über je ein 12,7-cm-Mehrzweckgeschütz vom Typ »Mk 45« auf dem Vor- und dem Achterschiff. Dieses diente zur Bekämpfung von Seestreitkräften und eingeschränkt zur Abwehr von Luftzielen. Mittschiffs befanden sich zwei Startvorrichtungen für je vier AGM-84 »Harpoon« zur Seezielbekämpfung. Achtern erhielten die Schiffe einen achtzelligen »Mk-29«-Starter für Luftabwehrraketen vom Typ RIM-7 »Sea Sparrow«. Zur U-Boot-Abwehr befand sich vor der Brücke ein achtzelliger »ASROC«-Starter vom Typ »Mk 112«. Zusätzlich zu den acht Raketentorpedos im Werfer waren weitere sechzehn im Nachlademagazin vorhanden. Zudem war auf beiden Seiten je ein dreifacher Torpedosatz vorhanden. Ab 1986 erhielten 24 Einheiten der »Spruance«-Klasse im Rahmen einer aufwändigen Kampfwertsteigerung und Modernisierung die neue Flugkörperstartanlage vom Typ »Mk 41 Vertical Launching System«. Nach der Entfernung des »ASROC«-Starters vor der Brücke erfolgte dort der Einbau des »Mk 41 VLS« mit seinen insgesamt 61 Startzellen. Diese dienten zum Abschuss von 45 Flugkörpern vom Typ BGM-109 »Tomahawk« zur Landzielbekämpfung und fünfzehn »ASROC«-Raketentorpedos zur U-Jagd. Der Einbau des »Mk 41 VLS« war erstmalig auf den Lenkwaffenkreuzern der »Ticonderoga«-Klasse erfolgt (für Einzelheiten siehe »Ticonderoga«-Klasse). Von den übrigen sieben Einheiten der »Spruance«-Klasse erhielten sechs aus Kostengründen anstelle des »Mk 41 VLS« beidseitig des vorhandenen »ASROC«-Starters zwei vierzellige »Tomahawk«-Startkanister (»Armored Box Launcher«). Die »USS Harry W. Hill« (DD-986) erhielt als einzige Einheit der Klasse weder das »Mk 41 VLS« noch die »Tomahawk«-Starter, da sie für diverse Erprobungen diente. Jedes Schiff der Klasse bekam in den 1980er Jahren auf seinen Aufbauten zwei 20-mm-Kanonen vom Typ »Phalanx« zur Nahbereichsverteidigung gegen Flugzeuge und Raketen. Nach dem Jahre 2000 erhielten die zu dem Zeitpunkt noch aktiven Einheiten im Heckbereich einen Einzelstarter für die RIM-116 »RAM« (»Rolling Airframe Missile«) zur Abwehr von sehr manövrierfähigen und tieffliegenden Flugkörpern im Nahbereich.

Antrieb

Die 31 Einheiten der »Spruance«-Klasse erhielten als erste große Schiffe der U.S. Navy einen sogenannten »COGAG«-Antrieb (»Combined Gas and Gas«) mit vier Gasturbinen von General Electric. Bei diesem Konzept treiben die Turbinen über Getriebe die Antriebswellen an. Die Gasturbine selbst besteht aus einem Verdichter, einer Brennkammer und der Turbinensektion. Der Verdichter (Kompressor) saugt Luft an und leitet

Schiffsklasse	»Spruance«
Bauwerft	Ingalls Shipbuilding, Pascagoula, Mississippi
Aktive Dienstzeit	1975 - 2005
Standard-Verdrängung	7.410 tons
Einsatz-Verdrängung	9.250 tons
Länge über alles	171,6m
Breite über alles	16,8 m
max. Tiefgang	9,8 m
Antrieb	4 Gasturbinen, 80.000 PS
Anzahl der Wellen	2
Geschwindigkeit	33 kn
Reichweite	6.000 sm bei 20 kn
Bewaffnung	2 x 12,7-cm-Geschütze; 4 x »Harpoon«; 8 x »Sea Sparrow«; 8 x »ASROC«-Starter; 6 x Torpedorohre Nach Modernisierung 1986: 26 Einheiten mit »Mk 41 VLS« für »Tomahawk« und »ASROC«; 7 Einheiten mit 8 x »Tomahawk«-ABL
Besatzung	380

Die »USS Comte de Grasse« (DD-974) und die »USS Deyo« (DD-989) im Verband mit dem Schlachtschiff »USS Iowa« 1987. Die beiden Zerstörer zählten zu den sechs Einheiten, die statt des »Mk 41 VLS« zwei »Tomahawk«-Startkanister neben ihrem »ASROC«-Starter vor der Brücke erhielten.

diese im verdichteten Zustand in die Brennkammer. Dort erfolgt ihre Verbrennung zusammen mit zugeführtem Treib- bzw. Brennstoff. Die dabei entstehenden Verbrennungsgase strömen in die dahinter befindliche Turbinensektion und treiben die dortigen Rotoren bzw. Schaufelräder an. Die so entstehende mechanische Energie erzeugt zugleich die Drehbewegung für die Schaufelräder des Verdichters und die Wellen des Antriebs. Im Vergleich zu Dampfturbinen zeichnet sich der »COGAG«-Antrieb durch einen geringeren Treibstoffverbrauch aus und ermöglicht somit eine größere Reichweite. Zudem ist die Wartung einfacher und weniger personalintensiv, da beispielsweise die aufwändige Dampfkesselreinigung entfällt. Die niedrigere Eigengeräuscherzeugung erschwert feindlichen U-Booten die Ortung und steigert die Leistungsfähigkeit der eigenen Sonaranlage, da diese dank der geringeren Geräuschüberlagerungen störungsfreier arbeitet. Obwohl das Getriebe der Turbinen sehr komplex ist, kann der Austausch einer gesamten Gasturbineneinheit einschließlich Getriebe durch geschultes Personal in einem Hafen innerhalb von wenigen Tagen erfolgen. Das schnelle Ansprechverhalten dieses Antriebs ermöglichte den Schiffen der »Spruance«-Klasse eine gewisse Flexibilität: Die Gasturbinen benötigten vom Kaltstart bis zur vollen Leistungsfähigkeit zur Erreichung der Höchstgeschwindigkeit lediglich zwölf Minuten. Somit musste das Maschinenpersonal den Zerstörer nicht ständig »unter Dampf« halten, um bei Bedarf schnell aktiv werden zu können. Schiffe mit Dampfturbinen hingegen benötigen mehrere Stunden oder

(je nach Größe) auch mehr als einen Tag, bis ihre Dampfkessel durch die Erhitzung von Wasser genug Druck für den Turbinenbetrieb erzeugen konnten. Der Einsatz von nur einer Gasturbine ermöglichte der »Spruance«-Klasse bereits eine Geschwindigkeit von neunzehn Knoten, bei zwei aktiven Turbinen erreichte das Schiff 27 Knoten. Für die Höchstfahrt von rund 33 Knoten erfolgte die Aktivierung aller vier Gasturbinen. Der sparsame Antrieb ermöglichte bei einer wirtschaftlichen Geschwindigkeit von zwanzig Knoten eine Reichweite von beachtlichen 6.000 Seemeilen (ca. 11.100 Kilometern), bei dreißig Knoten betrug diese noch immer 3.300 Seemeilen (ca. 6.100 Kilometer). Durch diese relativ große Seeausdauer war die »Spruance«-Klasse auch in der Lage, längere Zeit alleine und somit unabhängig von Tankern oder Stützpunkten zu operieren. Für den Betrieb der elektrischen Bordsysteme waren drei kleinere Gasturbinen vorhanden.

Rumpf und Aufbauten

Der Rumpf der »Spruance«-Klasse erwies sich als sehr seetüchtig und manövrierfähig. Er fand auch Verwendung für die Lenkwaffenkreuzer der »Ticonderoga«-Klasse. Die großen und hohen blockförmigen Aufbauten erwiesen sich jedoch vor allem bei niedrigen Geschwindigkeiten und bei Anlegemanövern als recht windempfindlich. Zudem zeigte sich, dass die großflächigen Außenwände eine starke Rückstrahlung beim Auftreffen von Radarstrahlen erzeugten. Somit ließen sich diese Zerstörer eher orten als Schiffe mit kleineren und weniger kastenförmigen Aufbauten. Obwohl die »Spruance«-Klasse aufgrund ihrer hohen Seeausdauer und ihrer starken Bewaffnung eigentlich alle Eigenschaften für Einzeloperationen mit sich brachte, machte ihre eher auffällige Radarsignatur unerkannte Einsätze schwierig. Zur Reduzierung ihrer Radaranfälligkeit erhielten die Aufbauten eine Beschichtung mit radarabsorbierenden Materialien und die Antennen eine zum Teil veränderte Anordnung.

Einsatzprofil und -geschichte
Um vor allem die veralteten U-Jagd-Zerstörer

1982 beschattete die »USS Harry W. Hill« (DD-968) den sowjetischen Flugzeugträger »Minsk« u.a. im Indischen Ozean, um dessen Kapazitäten auszukundschaften.

(»FRAM«) aus dem Zweiten Weltkrieg in den 1970er Jahren zu ersetzen, bestand die Hauptaufgabe der neuen »Spruance«-Klasse aus erweiterten U-Boot-Abwehrkapazitäten zum Schutz der Träger- und anderer Überwasserverbände. Die Ergänzung der »Harpoon«- und »Tomahawk«-Flugkörperbewaffnung erweiterte das Einsatzprofil und ermöglichte die Seezielbekämpfung über mittlere Distanzen sowie den Landzielbeschuss bzw. die Feuerunterstützung über längere Strecken. Aufgrund ihrer Vielseitigkeit und Schlagkraft wiesen die Schiffe eher kreuzertypische Eigenschaften auf und entwuchsen daher dem traditionellen Begriff des Zerstörers. Während der 1970er und 1980er Jahre enthielt jede Flugzeugträgerkampfgruppe in der Regel zwei »Spruance«-Zerstörer. Da die Indienststellung dieser Baureihe ab dem Jahr 1975 erfolgte, kam sie zu keinem Einsatz im Rahmen des Vietnamkrieges (1955-75) mehr. Die insgesamt 31 Zerstörer ersetzten nach 1980 nacheinander die achtzehn Schiffe der »Forrest Sherman«-Klasse. Zusammen mit den zehn Einheiten der »Farragut«-Klasse und den 23 der »Charles F. Adams«-Klasse bildeten sie die Zerstörerflotte der U.S. Navy bis in die 1990er Jahre. Die »USS Merrill« (DD-976) diente ab 1980 als Erprobungsschiff für den seegestützten Start von »Tomahawk«-Flugkörpern aus »ABL«-Kanistern (»Armored Box Launcher«), die dann in der Folgezeit auf sechs Einheiten der Klasse eingebaut wurden. In den 1980er Jahren deckten die Schiffe während des Libanesischen Bürgerkrieges (ca. 1975-90) die eigenen Überwasserschiffe

Name	Indienst-stellung	Außer-dienst-stellung
»USS Spruance« (DD-963)	20.09.75	23.03.05
»USS Paul F. Foster« (DD-964)	21.02.76	27.03.03
»USS Kinkaid« (DD-965)	10.07.76	07.01.03
»USS Hewitt« (DD-966)	25.09.76	19.07.01
»USS Elliot« (DD-967)	22.02.77	02.12.03
»USS Arthur W. Radford« (DD-968)	16.04.77	18.03.03
»USS Peterson« (DD-969)	09.07.77	04.10.02
»USS Caron« (DD-970)	01.10.77	15.10.01
»USS David R. Ray« (DD-971)	19.11.77	28.02.02
»USS Oldendorf« (DD-972)	04.03.78	20.06.04
»USS John Young« (DD-973)	20.05.78	30.09.02
»USS Comte de Grasse« (DD-974)	05.08.78	05.06.98
»USS O'Brien« (DD-975)	03.12.77	24.09.04
»USS Merrill« (DD-976)	11.03.78	26.03.98
»USS Briscoe« (DD-977)	03.06.78	02.10.03
»USS Stump« (DD-978)	19.08.78	22.10.04
»USS Conolly« (DD-979)	14.10.78	18.09.98
»USS Moosbrugger« (DD- 980)	16.12.78	15.12.00
»USS John Hancock« (DD-981)	10.03.79	16.10.00
»USS Nicholson« (DD-982)	12.05.79	20.12.02
»USS John Rodgers« (DD-983)	14.07.79	04.09.98
»USS Leftwich« (DD-984)	25.08.79	27.03.98
»USS Cushing« (DD-985)	21.09.79	21.09.05
»USS Harry W. Hill« (DD-986)	17.11.79	29.05.98
»USS O'Bannon« (DD-987)	15.12.79	19.08.05
»USS Thorn« (DD-988)	16.02.80v	25.08.04
»USS Deyo« (DD-989)	22.03.80	06.11.03
»USS Ingersoll« (DD-990)	12.04.80	24.07.98
»USS Fife« (DD-991)	31.05.80	28.02.03
»USS Fletcher« (DD-992)	12.07.80	01.10.04
»USS Hayler« (DD-997)	05.03.83	25.08.03

und sicherten die Schifffahrtswege im Mittelmeer. Während der Kriege gegen den Irak (»Operation Desert Storm« 1991 und »Operation Iraqi Freedom« 2003) operierten Einheiten der »Spruance«-Klasse vorwiegend im Persischen Golf. Dort sicherten sie die eigenen und verbündeten Seestreitkräfte vor allem gegen mögliche irakische Flugkörperangriffe. Darüber hinaus beschossen sie Landziele mit ihren »Tomahawks«. In der Folgezeit kamen die Schiffe zur Seekontrolle zum Einsatz, um die Sanktionen der Vereinten Nationen (UN) gegen den Irak aufrechtzuerhalten. Die »USS Arthur W. Radford« diente ab 1997 als Erprobungsschiff für einen neuen Mastentwurf (»Advanced Enclosed Mast/Sensor«) zur Reduzierung der Radarsignatur. Während ihrer Dienstzeit waren Einheiten der »Spruance«-Klasse in Kollisionen verwickelt: 1989 stieß die »USS Kinkaid« in der Straße von Malakka mit einem Frachter zusammen, 1999 kollidierte die »USS Arthur W. Rad-

ford« vor der amerikanischen Ostküste mit einem Containerschiff.

Im Jahre 1998 erfolgte die Außerdienststellung der sieben Einheiten, die kein »Mk 41 Vertical Launching System« erhalten hatten, nach weniger als zwanzig Dienstjahren. Wegen ihrer zwei »Tomahawk«-Startkanister wiesen diese nur eine eingeschränkte Schlagkraft auf. Die übrigen 24 Schiffe verließen vor allem wegen ihrer hohen Betriebskosten und der zwischenzeitlich in Dienst genommenen Ersatzbauten der »Arleigh Burke«-Klasse zwischen 2000 und 2005 die aktive Flotte. In den folgenden Jahren sanken die meisten Einheiten der »Spruance«-Klasse als Zielschiffe. Die übrigen wurden abgewrackt. Lediglich die ehemalige »USS Paul F. Foster« (DD-964) ist heute noch als sogenanntes »Self Defense Test Ship« erhalten. Als solches dient es als unbemannter Erprobungsträger für neue Abwehrsysteme wie zum Beispiel Luftverteidigungsraketen.

Die »USS O'Bannon« (DD-987) während eines gemeinsamen Manövers mit ihrem russischen Gegenstück, dem (ex-sowjetischen) Lenkwaffenzerstörer »Rastoropny« der »Sowremenny«-Klasse im Jahre 1992. Die »Rastoropny« ist heute noch in Dienst.

»Kidd«-Klasse

(4 gebaute Einheiten)

Basierend auf der »Spruance«-Klasse entstand bei Ingalls Shipbuilding eine weitgehend baugleiche Unterklasse mit vier weiteren Zerstörern. Der Bau erfolgte 1978 auf Bestellung des iranischen Schahs Mohammad Reza Pahlavi (1919-1980). Da zum damaligen Zeitpunkt eine freundschaftliche Beziehung zwischen dem Iran und den Vereinigten Staaten bestand, erhielt der Schah auch militärisches Gerät aus amerikanischer Produktion. Das Verhältnis zwischen den beiden Ländern verschlechterte sich zusehends als Folge der »Islamischen Revolution« und des Sturzes von Mohammad Reza Pahlavi. Da der neue Iran nun nicht mehr als befreundete Nation galt, erfolgte keine Auslieferung der vier Schiffe. Stattdessen entschied sich die U.S.

Navy, sie nach ihrer Fertigstellung 1981/82 als »Kidd«-Klasse in ihre eigene Flotte einzureihen. Nach ihrer Indienststellung unter amerikanischer Flagge erhielt diese unter anderem den Spitznamen »Ayatollah«-Klasse – in Anlehnung an die Namen des Revolutionsführers Ajatollah Ruhollah Chomeini (1902-1989). Da die Schiffe ursprünglich für den Einsatz in heißen Regionen wie dem Persischen Golf und dem Golf von Aden konstruiert waren, erhielten sie besonders starke Klimaanlagen und Filtersysteme als Schutz vor Sand und ABC-Waffen.

Bewaffnung

Im Vergleich zur »Spruance«-Klasse stellte die »Kidd«-Klasse eine leistungsfähigere Lenkwaffenvariante dar. Anders als ihre »Halbschwesterschiffe« erhielten sie keine »ASROC«-Starter

Im Gegensatz zur fast baugleichen »Spruance«-Klasse, die primär auf die U-Jagd ausgelegt war, konzentrierte sich die Bewaffnung der »Kidd«-Klasse auf die Luftverteidigung.

Schiffsklasse	»Kidd«
Name	»USS Kidd« (DDG-993); »USS Callaghan« (DDG-994); »USS Scott« (DDG-995); »USS Chandler« (DDG-996)
Bauwerft	Ingalls Shipbuilding, Pascagoula, Mississippi
Aktive Dienstzeit	»USS Kidd«: 27.03.81 - 12.03.98; »USS Callaghan«: 29.08.81 - 31.03.98; »USS Scott«: 24.10.81 - 10.12.98; »USS Chandler«:
Standard-Verdrängung	7.174 tons
Einsatz-Verdrängung	9.628 tons
Länge über alles	172 m
Breite über alles	17 m
max. Tiefgang	9,6 m
Antrieb	4 Gasturbinen, 80.000 PS
Anzahl der Wellen	2
Geschwindigkeit	33 kn
Reichweite	6.000 sm bei 20 kn
Bewaffnung	2 x 12,7-cm-Geschütze; 2 x Doppelarmstarter für »SM«/»ASROC«; 4 x »Harpoon«; 6 x Torpedorohre
Besatzung	363

(»Mk 16«) oder »Sea-Sparrow«-Starter (»Mk 29«) für die Nahbereichsverteidigung, sondern zwei »Mk-26«-Doppelarmstarter für die weiterreichende »SM-1 MR« (»Standard Missile 1, Medium Range«) auf dem Vor- und dem Achterschiff. Der hintere Starter (Mod. 1) war auch zum Abschuss von »ASROC«-Raketentorpedos fähig. Die zwei Nachlademagazine konnten insgesamt achtzig »SM-1«-Flugkörper und zwanzig »ASROCs« aufnehmen. Die Antriebsanlage in Form von vier Gasturbinen stammt von der »Spruance«-Klasse. Wie diese erhielten die vier Einheiten der »Kidd«-Klasse auch zwei 12,7-cm-Mehrzweckgeschütze, zwei »Phalanx«, zwei Vierfach-»Harpoon«-Starter sowie zwei Dreifachtorpedorohrsätze.

Einsatzprofil und -geschichte

Aufgrund ihrer starken Luftabwehrbewaffnung dienten die vier Schiffe vorrangig als Eskorte für die amerikanischen Trägerkampfgruppen. Dank ihrer stärkeren Klimaanlagen und Filtersysteme setzte die U.S. Navy sie bevorzugt in heißen Seeräumen und sandsturmgefährdeten Küsten-

regionen ein. Während des Krieges zwischen dem Irak und dem Iran (1980-88) sicherten Einheiten der »Kidd«-Klasse im Persischen Golf Tanker vor iranischen Luftangriffen. Während der Operation »Desert Storm« 1991 eskortierten sie Schiffe auf deren Durchquerung durch die Straße von Hormus. Diese Meerenge verbindet den Persischen Golf im Westen mit dem Golf von Oman, dem Arabischen Meer und dem Indischen Ozean im Osten. 1998/99 erfolgte die Außerdienststellung der »Kidd«-Klasse aus den gleichen Gründen wie bei der »Spruance«-Klasse. Zu jenem Zeitpunkt hatte die Dienstzeit noch keine zwanzig Jahre betragen. Anstatt sie abwracken zu lassen, fiel die Entscheidung zum Verkauf der vier Schiffe. Nachdem Griechenland anfangs Interesse gezeigt hatte, fand die U.S. Navy in Taiwan einen Käufer. Nach der Übergabe der vier Einheiten 2005/06 erfolgte deren Indienststellung als »Kee-Lung«-Klasse mit unveränderter Bewaffnung. Die Taiwanesische Marine setzt die Zerstörer zur Luftverteidigung ihrer Küstengewässer ein.

»Arleigh Burke«-Klasse

(62 gebaute Einheiten, weitere im Bau oder geplant)

Anfang der 1980er Jahre begann die Entwicklung der »Arleigh Burke«-Klasse, um die älteren Einheiten der »Charles F. Adams«- und »Farragut«-Klasse auf Dauer zu ersetzen. Die neuen Lenkwaffenzerstörer erhielten wie die Kreuzer der »Ticonderoga«-Klasse das sehr leistungsfähige »AEGIS«-Kampfsystem sowie die neue Flugkörperstartanlage vom Typ »Mk 41 Vertical Launching System« (für Einzelheiten siehe »Ticonderoga«-Klasse).

Einsatzprofil

Im Gegensatz zu der vorangegangenen »Spruance«- und »Kidd«-Klasse, deren Bewaffnung entweder vornehmlich auf die U-Boot- oder Luftabwehr ausgerichtet war, stellt die »Arleigh Burke«-Klasse eine sogenannte »Multi Mission Platform« dar. Als diese umfasst ihr Einsatzprofil die Abwehr von Luftfahrzeugen und Flugkörpern, die Bekämpfung von See- und Landzielen sowie die U-Jagd. Das »Mk 41 Vertical Launching System« ist daher je nach Verwendungszweck mit der entsprechenden Mischung aus verschiedenen Flugkörpern bestückbar. Für die Flugabwehr dient primär die »SM-2« (»Standard Missile 2«) und für den Landzielbeschuss die BGM-109 »Tomahawk«. Für die U-Jagd kommt ein weiterentwickelter Raketentorpedo vom Typ RUM-139 »VL-ASROC«(»VL: Vertical Launch«), diverse konventionelle Torpedos sowie »Seahawk«-Hubschrauber zum Einsatz.

In der Regel dienen die Einheiten der »Arleigh Burke«-Klasse als Schutzschiffe der Flugzeugträgerkampfgruppen. Dank ihrer reduzierten Radarsignatur (siehe weiter unten) können sie auch alleine operieren, Aufklärung betreiben, Schiffe beschatten oder Seewege kontrollieren. Die zwei mitgeführten Bordhubschrauber eignen sich ebenfalls zur Aufklärung sowie Verfolgung von Schiffen jenseits des Horizonts.

Baugeschichte und Bewaffnung

Der Bau der Klasse begann ab 1988 mit der »USS Arleigh Burke« (DDG-51) in Sektionsbauweise bei den zwei Werften Bath Iron Works in Bath, Maine und Ingalls Shipbuilding in Pascagoula, Mississippi. Seitdem ist die Fertigstellung von mehr als sechzig Schiffen sowie die Kiellegung von weiteren Einheiten erfolgt. Durch den technischen Fortschritt und die sich ändern-

Die »USS O'Kane« (DDG-77) des zweiten Bauloses (»Flight II«). Die Schiffe der ersten Baulose (28 Einheiten) erhielten keinen Hubschauberhangar. Vor und hinter den Aufbauten befinden sich die Startzellen für das »Mk 41 VLS«.

Ab der »USS Oscar Austin« (DDG-79, »Flight IIA«) erhielten die Schiffe einen Hangar an achtern.

den Anforderungen an die Zerstörerflotte entstanden im Laufe der Jahre drei Baulose (»Flight I bis IIA«). Die ersten 21 Einheiten (DDG-51 bis DDG-71) bildeten die Basisversion mit einem Hubschrauberlandeck auf dem Achterschiff, verfügten jedoch über keinen Hangar. Deren Bewaffnung umfasste ein 12,7-cm-Mehrzweckgeschütz vom Typ »Mk 45«, ein »Mk 41 VLS« mit 29 Startzellen auf dem Vorschiff, ein »Mk 41 VLS« mit 61 Startzellen hinter den Aufbauten, zwei »Phalanx«-Kanonen vor und hinter den Aufbauten, zwei »Harpoon«-Vierfachstarter an achtern, zwei Dreifachtorpedorohrsätze sowie mehrere kleinere Maschinengewehre. Die sieben Schiffe des »Flight II« (DDG-72 bis DDG-78) waren nahezu baugleich, erhielten jedoch eine leistungsstärkere Elektronik. Nach der Einführung der ersten beiden Baulose der »Arleigh Burke«-Klasse rief der Mangel eines Hangars laute Kritik hervor: Da die Schiffe lediglich über ein Landeck an achtern verfügten, war die dauerhafte Mitführung und Versorgung von Hubschraubern nicht möglich. Dieser Makel schränkte das Einsatzpotential vor allem im Hinblick auf die helikoptergestützte U-Jagd ein. Aus diesem Grund erhielten alle folgenden Einheiten als Unterklasse »Flight IIA« ab der »USS Oscar Austin« (DDG-79) einen Hangar für die

Aufnahme von bis zu zwei Hubschraubern vom Typ Sikorsky SH-60 »Seahawk« vor dem Landedeck. Durch diese Modifikation nahm die Gesamtlänge des Rumpfes um etwa 1,5 Meter und die Verdrängung um knapp 900 tons zu. Eine weitere Neuerung war der Einbau einer weiterentwickelten Variante des »Mk 41 VLS« mit sechs zusätzlichen Startzellen (32 vorne, 64 achtern).

Während die ersten beiden Baulose (28 Einheiten) noch zwei »Harpoon«-Vierfachstarter erhielten, entfielen diese ab »Flight IIA« aus Kostengründen: Künftig soll der neue »LRASM«-Flugkörper (»Long Range Anti-Ship Missile«) zur Seezielbekämpfung senkrecht aus dem »Mk 41 VLS« starten. Die U.S. Navy plant zudem, einige Einheiten des »Flight-IIA«-Bauloses in die seegestützte Komponente der »National Missile Defense« (NMD) einzubinden. Für diese Aufgabe sollen sie die Kapazität zum Start der »SM-3«-Raketen (»Standard Missile 3«) erhalten, welche anfliegende Interkontinentalraketen abfangen sollen. Die »NMD« soll als Verteidigungsschutzschild gegen solche Raketenangriffe dienen. Im Gegensatz zu den ersten beiden Baulosen erhielten die »Flight-IIA«-Schiffe vor allem aus Kostengründen keine »Phalanx«-Kanonen zur Nahbereichsverteidigung gegen

Schiffsklasse	»Arleigh Burke«
Aktive Dienstzeit	seit 1991
Standard-Verdrängung	»Flight I«: 6.624 tons; »Flight II«: 6.914 tons; »Flight IIA«: nicht bekannt
Einsatz-Verdrängung	»Flight I«: 8.315 tons; »Flight II«: 8.400 tons; »Flight IIA«: 9.238 tons
Länge über alles	»Flight I+II«: 153,8 m; »Flight IIA«: 155,3 m
Breite über alles	20 m
max. Tiefgang	9,3 m
Antrieb	4 Gasturbinen, 100.000 PS
Anzahl der Wellen	2
Geschwindigkeit	mehr als 30 kn
Reichweite	4.400 sm bei 20 kn
Bewaffnung	»Flight I+II«: 1 x 12,7-cm-Geschütz; 60 x »Mk 41 VLS« (siehe Text); 2 x »Phalanx«; 8 x »Harpoon«
	»Flight IIA«: 1 x 12,7-cm-Geschütz; 66 x »Mk 41 VLS« (siehe Text); 1 x »Phalanx«
Besatzung	»Flight I«: 337; »Flight II+IIA«: 380
Besatzung	380

anfliegende Flugkörper, sondern die moderne Flugabwehrrakete RIM-162 »Evolved Sea Sparrow Missile« (ESSM). Für deren Start dient ebenfalls das »Mk 41 VLS«. Die Unterbringung im »VLS« erfolgt in Vierergruppen (»Quad-Packs«), sodass vier Flugkörper in eine Startzelle passen. Im Nachhinein entschloss sich die U.S. Navy, diese Schiffe nacheinander doch mit zumindest einer »Phalanx«-Kanone an achtern nachzurüsten. Je nach Quelle soll die Erkenntnis, dass bei zerstörten oder defekten »VLS«-Startern die Schiffe ihre gesamte Luftabwehr verlieren würden, zu dieser Entscheidung geführt haben. Obwohl das 12,7-cm-Geschütz bedingt gegen Luftziele einsetzbar ist, stellt es aufgrund seiner langsameren Schussfolge und größeren Trägheit keine Alternative zur »Phalanx« dar. Die »USS Oscar Austin« (DDG-79) und die darauffolgende »USS Roosevelt« (DDG-80) erhielten noch das 12,7-cm-Geschütz vom Typ »Mk 45/54 Caliber« der ersten beiden Baulose.

Beginnend mit der »USS Winston S. Churchill« (DDG-81) verfügen alle folgenden Einheiten über die vielseitigere Variante mit der Bezeich-nung »Mk 45/62 Caliber«, welche mit weiterentwickelten Munitionsarten kompatibel ist. Alle Einheiten der »Arleigh Burke«-Klasse sind mit zwei Dreifachtorpedorohrsätzen zur U-Boot-Bekämpfung ausgestattet. Seit der Außerdienststellung der vier Schlachtschiffe der »Iowa«-Klasse mit ihrer 40,6-cm-Artillerie bis 1992 verfügt die U.S. Navy über keine Seestreitkräfte mit starker Rohrbewaffnung mehr. Diese Einheiten hatten in der Vergangenheit

Start einer Flugabwehrrakete vom Typ »SM-2« (»Standard Missile 2«) von der »USS O'Kane« (DDG-77) 2006 bei einer Übung im Pazifik.

Name	Bauwerft	Indienststellung
FLIGHT I		
»USS Arleigh Burke« (DDG-51)	BIW	04.07.91
»USS Barry« (DDG-52)	IS	12.12.92
»USS John Paul Jones« (DDG-53)	BIW	18.12.92
»USS Curtis Wilbur« (DDG-54)	BIW	19.03.93
»USS Stout« (DDG-55)	IS	13.08.94
»USS John S. McCain« (DDG-56)	BIW	02.07.94
»USS Mitscher« (DDG-57)	IS	10.12.94
»USS Laboon« (DDG-58)	BIW	18.03.95
»USS Russell« (DDG-59)	IS	20.05.95
»USS Paul Hamilton« (DDG-60)	BIW	27.05.95
»USS Ramage« (DDG-61)	IS	22.07.95
»USS Fitzgerald« (DDG-62)	BIW	14.10.95
»USS Stethem« (DDG-63)	IS	21.10.95
»USS Carney« (DDG-64)	BIW	13.04.96
»USS Benfold« (DDG-65)	IS	30.03.96
»USS Gonzalez« (DDG-66)	BIW	12.10.96
»USS Cole« (DDG-67)	IS	08.06.96
»USS The Sullivans« (DDG-68)	BIW	19.04.97
»USS Milius« (DDG-69)	IS	23.11.96
»USS Hopper« (DDG-70)	BIW	06.09.97
»USS Ross« (DDG-71)	IS	28.06.97
FLIGHT II		
»USS Mahan« (DDG-72)	BIW	14.02.98
»USS Decatur« (DDG-73)	BIW	29.08.98
»USS McFaul« (DDG-74)	IS	25.04.98
»USS Donald Cook« (DDG-75)	BIW	04.12.98
»USS Higgins« (DDG-76)	BIW	24.04.99
»USS O'Kane« (DDG-77)	BIW	23.10.99
»USS Porter« (DDG-78)	IS	20.03.99
FLIGHT IIA (mit Hangar)		
»USS Oscar Austin« (DDG-79)	BIW	19.08.00
»USS Roosevelt« (DDG-80)	IS	14.10.00
»USS Winston S. Churchill« (DDG-81)	BIW	10.03.01
»USS Lassen« (DDG-82)	IS	21.04.01
»USS Howard« (DDG-83)	BIW	20.10.01
»USS Bulkeley« (DDG-84)	IS	08.12.02
»USS McCampbell« (DDG-85)	BIW	17.08.02
»USS Shoup« (DDG-86)	IS	22.06.02
»USS Mason« (DDG-87)	BIW	12.04.03
»USS Preble« (DDG-88)	IS	09.11.02
»USS Mustin« (DDG-89)	IS	26.07.03
»USS Chafee« (DDG-90)	BIW	18.10.03
»USS Pinckney« (DDG-91)	IS	29.05.04
»USS Momsen« (DDG-92)	BIW	28.08.04

Name	Bauwerft	Indienststellung
»USS Chung-Hoon« (DDG-93)	IS	18.09.04
»USS Nitze« (DDG-94)	BIW	05.03.05
»USS James E. Williams« (DDG-95)	IS	11.12.04
»USS Bainbridge« (DDG-96)	BIW	12.11.05
»USS Halsey« (DDG-97)	IS	30.07.05
»USS Forrest Sherman« (DDG-98)	IS	28.01.06
»USS Farragut« (DDG-99)	BIW	10.06.06
»USS Kidd« (DDG-100)	IS	09.06.07
»USS Gridley« (DDG-101)	BIW	10.02.07
»USS Sampson« (DDG-102)	BIW	03.11.07
»USS Truxtun« (DDG-103)	IS	25.04.09
»USS Sterett« (DDG-104)	BIW	09.08.08
»USS Dewey« (DDG-105)	IS	06.03.10
»USS Stockdale« (DDG-106)	BIW	18.04.09
»USS Gravely« (DDG-107)	IS	20.11.10
»USS Wayne E. Meyer« (DDG-108)	BIW	10.10.09
»USS Jason Dunham« (DDG-109)	BIW	13.11.10
»USS William P. Lawrence« (DDG-110)	IS	04.06.11
»USS Spruance« (DDG-111)	BIW	01.10.11
»USS Michael Murphy« (DDG-112)	BIW	06.10.12
FLIGHT IIA:»Restart«		
»USS John Finn« (DDG-113)	IS	im Bau (2016)
»USS Ralph Johnson« (DDG-114)	IS	im Bau
»USS Rafael Peralta« (DDG-115)	BIW	im Bau
FLIGHT IIA:»Technology Insertion«		
»USS Thomas Hudner« (DDG-116)	BIW	im Bau
»USS Paul Ignatius« (DDG-117)	IS	im Bau
»USS Daniel Inouye« (DDG-118)	BIW	im Bau
»USS Delbert D. Black« (DDG-119)	IS	im Bau (weitere geplant)

mit ihren präzisen Geschützen unter anderem amphibische Landungen unterstützt. Seit der Streichung der Schlachtschiffe untersucht die U.S. Navy daher die Möglichkeit, inwiefern neue raketenbetriebene Munitionsarten mit einer

Reichweite von mehr als siebzig Kilometern für das moderne 12,7-cm-Geschütz der »Flight-IIA«-Einheiten Verwendung finden können. Zum Schutz vor feindlichen Torpedos kann das schleppbare Täuschkörpersystem »AN/SLQ-25« (»Nixie«) zum Einsatz kommen. Dessen Eigengeräusche sollen den Torpedo von den Antriebsgeräuschen des Schiffes ablenken. Zur Elektronischen Kampfführung dient das »AN/SLQ-32«. Dieses schließt das »Mk 36 SRBOC« ein, welches Düppel und Flares in die Luft schießt, um anfliegende Raketen mit Radar- oder Infrarotsuchkopf vom Schiff abzulenken.

Reduzierte Radarsignatur und Sonarsysteme

Die Einheiten der »Arleigh Burke«-Klasse sind die ersten Zerstörer, deren Entwicklung unter Einbeziehung moderner Tarnkappentechnik (»Stealth«) erfolgte. Durch eine reduzierte Radarsignatur soll es dem Gegner erschwert werden, die Schiffe orten und verfolgen zu können. Aus diesem Grund haben weder der Schiffskörper noch die Aufbauten Flächen, die im rechten Winkel zur Wasseroberfläche stehen. Stünden sie in einem solchen Winkel, würden sie gegnerischen Radaren an Land oder auf See eine Rückstrahlfläche bieten. Diese Fläche würde dann den Radarstrahl als »Echo« an das gegnerische Suchradar zurückgeben, was eine Ortung zur Folge hätte. Da aber der Rumpf und die Aufbauten leicht geneigt sind, werden die auftreffenden Radarstrahlen nicht zurück zum gegnerischen Suchradar, sondern entweder auf die Wasseroberfläche oder in den Himmel abgelenkt. Viele Kleinteile wie das Buggeschütz, die Reling und die Poller erhielten ebenfalls abgeschrägte Formen oder sind in geneigter Position angeordnet, um Radarstrahlen keine Rückstrahlfläche zu bieten. Der Mast ist leicht nach achtern gekippt. Um die Erfassung durch feindliche Sonarsysteme zu erschweren, verfügen die Zerstörer über das sogenannte »Prairie-Masker«-System. Dieses erzeugt kleine Luftblasen rund um den Rumpf und die Schrauben. Diese reflektieren den Schall der eigenen

Das Typschiff »USS Arleigh Burke« (DDG-51). Beidseitig der Brücke befinden sich die zwei vorderen achteckigen »SPY-1D-AEGIS«-Flächenantennen. Die beiden anderen Antennen sind hinter der Brücke angebracht, sodass alle zusammen eine 360-Grad-Erfassung ermöglichen.

Antriebsgeräusche und reduzieren diese nach außen. Da diese Vorrichtung unter Umständen die Leistungsfähigkeit des eigenen »SQS-53C«-Bugsonars beeinträchtigen kann, können die Zerstörer auch ein Schleppsonar vom Typ »AN/SQR-19« zur Erfassung von U-Booten zum Einsatz bringen. Da dieses hinter dem Schiff hergezogen wird, wird seine Funktionsfähigkeit nicht durch das bordeigene »Prairie-Masker«-System beeinträchtigt. Das Bug- und das Schleppsonar bilden zusammen mit den von U-Jagd-Hubschraubern abwerfbaren Tauchsonaren und Sonobojen das »SQQ-89«-U-Jagd-System. Dieses fasst deren Sonardaten zusammen und berechnet auf dieser Basis eine Feuerleitlösung für die Abwehrsysteme des Zerstörers. Zum Schutz vor feindlichen Treffern sind die Wände der lebenswichtigen Bereiche wie Brücke oder Gefechtszentrale mit Kevlar verstärkt.

Antrieb
Jedes Schiff der »Arleigh Burke«-Klasse verfügt über vier Gasturbinen (siehe auch »Spruance«-Klasse). Bei einer Gesamtleitung von 100.000 PS ermöglichen diese eine Höchstgeschwindigkeit von mindestens 31 Knoten. Bei einer Marschfahrt von zwanzig Knoten beträgt die Reichweite rund 4.400 Seemeilen (ca. 8.150 Kilometer). Durch die Verwendung von zwei Verstellpropellern (»Controllable Reversible Pitch Propeller«) zeichnen sich die Schiffe durch eine hohe Manövrierfähigkeit aus. Für die Erzeugung der Elektrizität an Bord dienen drei kleinere Gasturbinen mit je 2,3 bis 3 Megawatt Leistung.

Zukünftige Einheiten
Ursprünglich sollte die 2013 in Bau gegebene »Zumwalt«-Klasse nacheinander die Einheiten der »Arleigh Burke«-Klasse ersetzen. Da sich die neue Baureihe jedoch als kostspieliger als erwartet erwies und die U.S. Navy mit Budgetkürzungen zu kämpfen hat, wird sie anstelle der geplanten 32 voraussichtlich nur aus drei Einheiten bestehen (siehe »Zumwalt«-Klasse). Aus diesem Grund fiel die Entscheidung, den Bau

Die »Arleigh Burke«-Klasse im Bau. Zukünftig soll ein Hybrid-Antrieb verfügbar sein. Dessen elektrischer Teil soll eine Geschwindigkeit von bis zu 14 Knoten ermöglichen und so Treibstoff sparen.

der bewährten »Arleigh Burke«-Klasse in modifizierter Form fortzusetzen. Die zusätzlichen Einheiten des »Flight IIA Restart« (DDG-113 bis DDG-114) gelten lediglich als leicht modifizierte Varianten der aktiven Schiffe. Dieses Baulos (einschließlich der Untergruppe »Flight IIA: Technology Insertion«) soll elf Schiffe umfassen. Der Entwurf für »Flight III« (ab DDG-115) sieht laut Planung einen weiterentwickelten Typ mit mehr als zwanzig Einheiten vor. Dieser soll eine vereinfachte Version des »AMDR-Radarsystems« (»Air and Missile Defense Radar«) erhalten, welches ursprünglich für die nicht verwirklichte »CG(X)«-Kreuzerklasse vorgesehen war. Das »AMDR« (offiziell »AN/SPY-6«) ist ein weiterentwickeltes dreidimensionales Luftraumüberwachungsradar auf Basis des vorhandenen »AN/SPY-1D«, welches auch in die flugkörpergestützten Abwehrsysteme des Schiffes eingebunden ist. Daher kann es mehrere feindliche Flugzeuge und Raketen gleichzeitig erfassen und effektiv bekämpfen. Durch ihre starke Luftaufklärungs- und -abwehrkapazität sollen die »Flight-III«-Zerstörer gegebenenfalls auch als Ersatz für die Lenkwaffenkreuzer der »Ticonderoga«-Klasse in Frage kommen. Um die 62 aktiven Einheiten der »Arleigh Burke«-Klasse bis zu vierzig Jahre in Dienst zu halten, werden diese in den kommenden Jahren aufwändige Modernisierungen erhalten. Gegenwärtig gibt es nur Studien für einen möglichen Nachfolger der »Arleigh Burke«-Klasse. Dieses als »Future Surface Combatant« bezeichnete Schiff soll die bereits in Verwendung befindlichen Technologien der »Zumwalt«-Klasse, der Träger der »Gerald R. Ford«-Klasse sowie des »Littoral Combat Ship« in abgewandelter Form erhalten. Basierend auf dem Entwurf der »Arleigh Burke«-Klasse entstanden auf japanischen Werften modifizierte Varianten als »Kongo«- und »Atago«-Klasse für die Japanischen Selbstverteidigungsstreitkräfte.

Einsatzgeschichte
Da die Indienststellung der »Arleigh Burke«-Klasse ab 1991 erfolgte, nahm keine der Ein-

heiten an der »Operation Desert Storm« teil. Während der 1990er Jahre kamen einige der Schiffe jedoch bei militärischen Vergeltungsaktionen gegen den Irak bei den Operationen »Desert Strike (1996) und »Desert Fox (1998) zum Einsatz. Als die »USS Cole« (DDG-67) im Oktober 2000 im Hafen von Aden im Jemen lag, griffen zwei Selbstmordattentäter diese mit ihrem Boot an. Als das mit Sprengstoff beladene Boot den Zerstörer mittschiffs auf der Backbordseite traf, riss die Explosion ein großes Loch in den Rumpf und tötete siebzehn Besatzungsmitglieder. Nach einer provisorischen Abdichtung des Lecks vor Ort transportierte das Halbtaucherschiff »MV Blue Marlin« die »USS Cole« zur völligen Instandsetzung zurück in die USA. Im April 2002 nahm das Schiff wieder seinen Dienst auf. Ein ähnlicher Angriff auf die »USS The Sullivans« (DDG-68) im Januar 2000 war hingegen gescheitert, da das Sprengboot der Attentäter auf dem Weg zum Zerstörer gesunken war.

Die »USS Cole« (DDG-67) auf dem Halbtaucherschiff »MV Blue Marlin« während der Fahrt in die USA.

2003 dienten Einheiten der »Arleigh Burke«-Klasse bei der »Operation Iraqi Freedom« als Eskortschiffe für die eigenen Trägerkampfgruppen und andere Seestreitkräfte. Darüber hinaus beschossen sie irakische Landziele mit »Tomahawk«-Marschflugkörpern.
Die »USS Winston S. Churchill« (DDG-81), nach dem britischen Premierminister Churchill benannt, ist das einzige aktive Schiff der U.S. Navy, das den Namen eines ausländischen Staatsbürgers erhielt. Die »USS Hopper« (DDG-70) ist erst das zweite Schiff in der U.S. Navy, das den Namen einer Soldatin, Admiral Grace Hopper, trägt.

Das Loch in der Backbordseite der »USS Cole«. 17 Mann starben bei dem Anschlag am 8. August 2000 in Aden.

»Zumwalt«-Klasse

(1 gebaute Einheit, 2 weitere im Bau)

Nach der Indienststellung der »Arleigh Burke«-Klasse ab 1991 begann die Entwicklung eines Nachfolgers. Dieser erhielt zunächst die Bezeichnung »Surface Combatant, 21st Century«. Da der neue Zerstörer komplett nach den Prinzipien der Tarnkappentechnik entstand, unterscheidet sich sein Entwurf grundlegend von seinem Vorgänger. Die neuartige Konstruktion ohne abstehende Teile wie Masten oder Ausrüstungsgegenständen auf Deck soll die Radarsignatur des knapp 186 m langen Schiffes bedeutend reduzieren. Laut der ursprünglichen Planung sollte die neue »Zumwalt«-Klasse aus bis zu 32 Einheiten bestehen, die ab 2008 der Flotte zulaufen sollten. Je nach Quelle sollten die Baukosten für die ersten Schiffe ursprünglich jeweils 1,5 Milliarden US-Dollar betragen. Durch sukzessive Vereinfachungen bei der Fertigung und durch die Massenherstellung von Bauteilen sollte der Preis dann auf rund 750 Millionen Dollar pro Einheit sinken.

Im Jahre 2001 erfolgte aufgrund von Kürzungen im Verteidigungsetat die Konzipierung eines kostengünstigeren Zerstörers mit der neuen Bezeichnung »DD-21«. Nachdem die Werft Ingalls Shipbuilding (nun Teil von Northrop Grumman) den Zuschlag für ihren Entwurf erhalten hatte, begann sie mit der Entwicklung des Schiffes unter Einbeziehung von Raytheon, Bath Iron Works, Lockheed Martin und BEA Systems. Aufgrund höherer Baukosten und niedrigerer Budgets entschied sich die U.S. Navy, die ursprüngliche Planzahl von 32 Zerstörern zunächst auf 24 und schließlich auf sieben Schiffe zu reduzieren.

Im Jahre 2008 fiel die Entscheidung, insgesamt nur drei Einheiten der »Zumwalt«-Klasse bei Bath Iron Works in Maine in Sektionsbauweise fertigen zu lassen und in Zukunft weitere Zerstörer der vorangegangenen »Arleigh Burke«-Klasse zu bestellen. Neben den beträchtlich gestiegenen Baukosten von (je nach Quelle) 2,5 bis 3,5 Milliarden US-Dollar pro Einheit spielten

Die »USS Zumwalt« (DDG-1000) in der Erprobung. Da sie über keine Masten verfügt, erinnert die Rumpfform eher an ein U-Boot. Dank ihrer vielseitigen Bewaffnung und hohen Tarnkappenkapazität kann sie auch unabhängig von der Flotte operieren.

auch technische Probleme bei der als höchst effektiv angepriesenen Luftabwehrkapazität eine wichtige Rolle bei der Entscheidung, auf den bewährten und kostengünstigeren »Arleigh Burke«-Entwurf zurückzukehren. Die drei Schiffe der »Zumwalt«-Klasse führen nicht die Nummernfolge ihres Vorgängers (ab DDG-112) weiter, sondern knüpfen an die »Spruance«-Klasse an, die bei »DD-997« endete. Die U.S. Navy verzichtete jedoch auf die noch verfügbaren Nummern »DD-998« bis »DD-999« und gab dem Typschiff der neuen Klasse, der »USS Zumwalt«, die Kennung »DDG-1000«, um auch symbolisch die neuen Schiffe von bisherigen Zerstörern abzuheben. Die beiden weiteren Einheiten erhielten die Namen »USS Michael Monsoor« (DDG-1001) und »USS Lyndon B. Johnson« (DDG-1002). Während die Indienststellung der »USS Zumwalt« 2016 erfolgt, befinden sich ihre beiden Schwesterschiffe noch im Bau.

Einsatzprofil
Ursprünglich sollte die »Zumwalt«-Klasse als

»DD(X)« das Kernstück einer Gruppe von drei Typen von Überwasserkriegsschiffen bilden. Zu diesen sollten auch der (nicht verwirklichte) Lenkwaffenkreuzer »CG(X)« sowie »Littoral Combat Ships« für den küstennahen Einsatz zählen (siehe Kapitel »Littoral Combat Ships«). Diese sogenannten »Multi-Mission Surface Combatants« sollten auf die Bekämpfung von Landzielen und die Beherrschung von Küstengewässern ausgelegt sein. Aus Gründen der Kostenersparnis und Kompatibilität sollten vor allem auf den Zerstörern und Kreuzern möglichst viele Bauteile identisch sein. So sollten beide Schiffstypen auch einen nahezu identischen Rumpf erhalten. Eine weitere Aufgabe der »Zumwalt«-Klasse sollte in der Unterstützung der hochmodernen Träger der »Gerald R. Ford«-Klasse und der amphibischen Angriffsschiffe der »America«-Klasse bestehen. Während diese mit ihren Luffahrzeugen Landziele attackierten oder Truppen landeten, sollten die Zerstörer die Schiffe vor Luftangriffen schützen oder den Landungseinheiten des U.S. Marines Corps präzisen Feuerschutz geben. Da die U.S. Navy statt

Schiffsklasse	»Zumwalt«
Name	»USS Zumwalt« (DDG-1000); »USS Michael Monsoor« (DDG-1001); »USS Lyndon B. Johnson« (DDG-1002)
Bauwerft	Bath Iron Works, Bath, Maine
Aktive Dienstzeit	»USS Zumwalt«: ab 2016; »USS Michael Monsoor: im Bau; »USS Lyndon B. Johnson«: im Bau
Standard-Verdrängung	unbekannt
Einsatz-Verdrängung	15.656 tons
Länge über alles	185,9 m
Breite über alles	25,5 m
max. Tiefgang	8,4 m
Antrieb	4 Gasturbinen, 2 Elektromotoren, 105.000 PS
Anzahl der Wellen	2
Geschwindigkeit	mehr als 30 kn
Reichweite	je nach Quelle bis zu 6.000 sm (Marschfahrt unbekannt)
Bewaffnung	2 x 15,5-cm-Geschütze; 2 x 5,7-cm-Geschütze; »Advanced Vertical Launch System« (AVLS) mit 80 Startzellen (siehe Text)
Besatzung	158

Künstlerischere Darstellung, wie ein »Zumwalt«-Zerstörer mit seinen Flugabwehrraketen tieffliegende landgestützte Flugkörper abfängt, bevor diese die amphibischen Landungsschiffe links treffen können.

der erhofften 32 Einheiten in Zukunft lediglich drei zur Verfügung haben wird, werden die geplanten Kampfgruppen (auch in Ermangelung des nicht gebauten »CG(X)«-Kreuzers) nicht in der Zusammenstellung agieren können wie ursprünglich gedacht. Daher werden modifizierte »Arleigh Burke«-Zerstörer in eingeschränkter Weise die Aufgaben des »DD(X)« und des »CG(X)« (unterstützt durch aufgewertete »Ticonderoga«-Kreuzer) übernehmen. Obwohl die »Zumwalt«-Klasse über zahlreiche Innovationen verfügt, die im Folgenden behandelt werden, können diese in der Praxis nur bedingt zur Anwendung kommen oder anderen Schiffen nutzen, da die Stückzahl von nur drei Einheiten bei großangelegten Operationen schlichtweg zu gering ist. Aufgrund zahlreicher Automatisierungen des Schiffsbetriebs und der Waffensysteme umfasst die Besatzung lediglich rund 158 Personen und ist damit weniger als halb so groß wie die der »Arleigh Burke«-Zerstörer.

Bewaffnung

Basierend auf dem bewährten »Mk 41 Vertical Launch System« ihres Vorgängers erhielt die »Zumwalt«-Klasse eine weiterentwickelte Variante mit der Bezeichnung »Advanced Vertical Launch System« (AVLS) mit achtzig Startzellen für die »Tomahawk« gegen Landziele, die »Evolved Sea Sparrow Missile« (ESSM) für die Nahbereichsflugabwehr und verschiedene

»Standard Missiles« primär gegen Luftziele. Für die Aufklärung, Erfassung und Bekämpfung von Bedrohungen dient das Multifunktionsradar vom Typ »AN/SPY-3« als Teil des »AEGIS«-Kampfsystems. Die Flächenantennen befinden sich im 90-Grad-Winkel zueinander angeordnet im Aufbau, um eine 360-Grad-Erfassung zu ermöglichen. Auf dem Vorschiff befinden sich zwei neuentwickelte 15,5-cm-Mehrzweckgeschütze (»Advanced Gun System« / AGS) des britischen Herstellers BAE Systems. Zur Vermeidung einer feindlichen Radarerfassung befinden sich beide Geschütze unter kastenförmigen Verkleidungen, die sich zum Abfeuern nach beiden Seiten aufklappen lassen. Die Schussfolge des »Advanced Gun System« beträgt bis zu zehn Schuss pro Minute bei einem Munitionsvorrat von mehr als 600 Granaten. Da der Lade- und Bedienvorgang vollautomatisch erfolgt, ist die Geschützbedienung weniger personalintensiv. Durch die Verwendung von raketenbetriebenen und GPS-geleiteten »LRLAP«-Projektilen (»Long Range Land Attack Projectile«) ist der präzise Beschuss von Landzielen in einer Entfernung von 100 bis 150 Kilometern möglich. Die »Zumwalt«-Klasse erfüllt somit die Forderung des U.S. Marine Corps nach einer wirksamen Artillerie zur Unterstützung von Landungstruppen. Nach der Außerdienststellung der vier Schlachtschiffe der »Iowa«-Klasse 1992 und deren endgültigen Streichung aus dem Reserveregister 2006 hatten die U.S. Navy und das Marine Corps ihren bewährten Artillerieträger verloren. Obwohl das neue 15,5-cm-Geschütz leistungsfähiger als die 12,7-cm-Kanonen der »Ticonderoga«-Kreuzer und »Arleigh Burke«-Zerstörer erscheint, hat es jedoch eine wesentlich geringere Spreng- und Durchschlagskraft als die 40,6-cm-Granaten der »Iowa«-Schlachtschiffe, deren Reichweite jedoch »nur« 43 Kilometer betrug. Als Ergänzung zur raketengestützten Verteidigung sind zwei 5,7-cm-Kanonen vom Typ »Mk 110« (BAE Systems) vorhanden. Diese sind ebenfalls durch aufklappbare Verkleidungen geschützt und dienen zur Abwehr von tieffliegenden (sog. »sea-skimming«) und hoch anfliegenden Flugkörpern im Nahbereich. Obwohl die Schiffe keine Torpedowaffe erhalten haben, ist eine spätere Nachrüstung möglich. Die »Zumwalt«-Klasse verfügt neben einem Landedeck über einen Hangar für die Aufnahme und Versorgung von zwei Mehrzweckhubschraubern vom Typ Sikorsky MH-60R »Seahawk«. Dieser kann zur U-Jagd, Aufklärung, Transportflügen sowie für Such- und Rettungsaufgaben zum Einsatz kommen. Alternativ ist die Mitführung von einem »Seahawk« und drei unbemannten Helikoptern vom Typ Northrop Grumman RQ-8A »Fire Scout« möglich. Diese Drohnen können zum Beispiel in Kriegsgebiete vordringen, die für bemannte Luftfahrzeuge zu gefährlich sind. Das Heck verfügt über eine Vorrichtung zur Befestigung bzw. Aufnahme von zwei großen Schlauchbooten für Spezialkommandoeinheiten.

Je nach Quelle soll die »Zumwalt«-Klasse auch eine vereinfachte Version des »AMDR«-Radarsystems (»Air and Missile Defense Radar«) zur erweiterten Raketenabwehr erhalten, welches auch auf den Neubauten der »Arleigh Burke«-Klasse zum Einsatz kommen wird. Ein Hochleistungssonarsystem dient zur Minen- und U-Jagd. Darüber hinaus ist ein hochentwickeltes Schleppsonar vorhanden.

Rumpfform und reduzierte Radarsignatur

Der 185,9 Meter lange Rumpf der »Zumwalt«-Klasse besteht aus nach innen geneigten Seitenwänden (»Tumblehome Hull«). Daher ist die

Einbau des Deckshauses. Zum Schutz vor gegnerischer Radarortung befinden sich nahezu alle Radarsysteme und Antennen in diesem Aufbau. Viele Waffen- und Bordsysteme sind als Module austauschbar.

größte Breite von 25,5 Metern nicht auf Höhe des Hauptdecks, sondern auf der Wasserlinienhöhe vorhanden. Der sehr schmale Bug schwimmt nicht so stark auf wie der konventioneller Schiffe, sondern durchschneidet die von vorne kommenden Wellen, sodass der Zerstörer insgesamt ruhiger im Wasser liegt und somit eine stabilere Abschussplattform für die Bordwaffensysteme bietet. Im Gegensatz zu den meisten Überwasserschiffen verfügt die »Zumwalt«-Klasse lediglich über ein einzelnes Deckshaus. Dessen Wände sind wie der Rumpf nach innen geneigt, um feindlichem Radar keine Rückstrahlung zu ermöglichen. Die komplette Vermeidung von Flächen, die senkrecht zum Wasser positioniert sind, sollen die Radarstrahlen in den Himmel ablenken und somit eine Ortung des Schiffes verhindern oder zumindest erschweren. Je nach Quelle der U.S. Navy soll die »Zumwalt«-Klasse auf einem Radar als kleines Fischerboot erscheinen. Kompositmaterialien mit niedrigen magnetischen Eigenschaften im Schiffskörper und Deckshaus sowie eine Verringerung der Eigengeräusche durch spezielle Dämmungen tragen ebenfalls zur Tarnkappenkapazität des Zerstörers bei.

Antrieb

Die »Zumwalt«-Klasse verfügt über zwei Hauptgasturbinen mit je 35,4 Megawatt und zwei Hilfsgasturbinen mit je 3,8 Megawatt. Bei einer Gesamtleitung von 78 Megawatt (105.000 PS) treiben diese zwei Elektromotoren (»Advanced Induction Motor« / AIM) an. Während die Höchstgeschwindigkeit mehr als dreißig Knoten beträgt, soll die Reichweite (je nach Quelle) bei bis zu 6.000 Seemeilen liegen (Marschfahrt unbekannt).

Frontansicht der »USS Zumwalt«. Die nach innen geneigten Wände des Rumpfes und des Deckshauses sollen eintreffende Radarstrahlen in den Himmel ablenken.

»Dealey«-Klasse

(13 gebaute Einheiten)

Während des Zweiten Weltkrieges setzten vor allem die U.S. Navy und die Royal Navy die einfach zu bauenden Geleitzerstörer (»Destroyer Escorts« / DE) ein, um ihre transatlantischen Versorgungskonvois vor deutschen U-Booten, Schnellbooten und Flugzeugen zu beschützen. Dieser Schiffstyp war größer, schneller und stärker bewaffnet als damalige Fregatten und darüber hinaus besser auf die U-Boot-Abwehr ausgelegt. Während des Kalten Krieges verdrängten neue und leistungsfähige Generationen von Fregatten jedoch den Schiffstyp des Geleitzerstörers. Als die U.S. Navy 1975 das Bezeichnungsschema für einige ihrer Schiffsklassen änderte (siehe vorherige Kapitel), erfolgte auch die Umklassifizierung der zu jenem Zeitpunkt noch aktiven Geleitzerstörer zu Fregatten.

Zwischen 1952 und 1957 entstanden mit den dreizehn Einheiten der »Dealey«-Klasse die ersten amerikanischen Nachkriegsgeleitzerstörer. Bei einer Einsatzverdrängung von bis zu 1.870 tons waren diese Schiffe größer als ihre Vorgänger, die noch während des Krieges gebaut worden waren. Die ursprüngliche Bewaffnung bestand aus je einer 7,6-cm-Doppellafette auf dem Vor- und dem Achterschiff, einem oder zwei Wasserbombenwerfern der Typen »Hedgehog« oder »Squid« (je nach Quelle) sowie einer Ablaufvorrichtungen für Wasserbomben am Heck. Zur elektronischen Ausstattung gehörten Aufklärungs- und Feuerleitradare sowie ein Sonar. Als U-Jäger sollten die Schiffe die eigenen Trägerkampfgruppen und andere Überwassereinheiten vor den Angriffen durch sowjetische U-Boote beschützen. Um dieser wachsenden Gefahr besser begegnen zu können, ersetzte ein Raketenwerfer vom Typ RUR-4 »Weapon Alpha« die bisherige U-Jagd-Bewaffnung (»FRAM«-Programm). Das »Weapon Alpha« wurde später auf einigen Einheiten durch drei Torpedorohre auf jeder Seite ausgewechselt. Einige Schiffe erhielten auch ein Landedeck und Unterbringungsmöglichkeiten für bis zu zwei unbemannte Hubschrauber vom Typ »QH-50 DASH«. Diese konnten zur U-Boot-Bekämpfung bis zu zwei Torpedos mitführen und abwerfen.

Einige Einheiten der »Dealey-Klasse« kamen während der Kuba-Krise 1962 zum Einsatz. Die Krise war entstanden, nachdem die USA herausgefunden hatten, dass die Sowjetunion mit der Stationierung von Mittelstreckenraketen mit Atomsprengköpfen auf Kuba begonnen hatte. Diese hätten Ziele in den USA erreichen können. Um die Lieferung weiterer Raketen durch sowjetische Frachtschiffe zu verhindern, errichtete die U.S. Navy eine Seeblockade vor der kubanischen Küste. Da eine friedliche Lösung der Krise erfolgte, kam es zu keinen Kampfhandlungen. Während des Vietnamkrieges dienten Einheiten der Klasse unter anderem als Eskortschiffe für die amerikanischen Flugzeugträger. Da sich der unbemannte Hubschrauber auf der »Dealey-Klasse« nicht bewährte und sich die Schiffe nicht für weitere Kampfwertsteigerungen

Das Typschiff »USS Dealey« (DE-1006) während der Erprobu im Jahre 1954.

Name	Bauwerft*	Indienststellung	Außerdienststellung
»USS Dealey« (DE-1006)	BIW	03.06.54	28.07.72
»USS Cromwell« (DE-1014)	BIW	24.11.54	05.07.72
»USS Hammerberg« (DE-1015)	BIW	02.03.55	14.12.73
»USS Courtney« (DE-1021)	DFC	24.09.56	14.12.73
»USS Lester« (DE-1022)	DFC	14.06.57	14.12.73
»USS Evans« (DE-1023)	PSBD	14.06.47	12.12.73
»USS Bridget« (DE-1024)	PSBD	24.10.57	01.09.68
»USS Bauer« (DE-1025)	BSC	21.11.57	03.12.73
»USS Hopper« (DE-1026)	BSC	18.03.58	06.06.73
»USS John Willis« (DE-1027)	NYSC	21.02.57	14.07.72
»USS Van Voorhis« (DE-1028)	NYSC	22.04.57	01.07.72
»USS Hartley« (DE-1029)	NYSC	26.06.57	08.07.72
»USS Joseph K. Taussig« (DE-1030)	NYSC	10.09.57	01.07.72

* BIW: Bath Iron Works, Maine; DFC: Defoe Shipbuilding Company, Michigan; PSBD: Puget Sound Bridge and Dredging Company, Washington; BSC: Bethlehem Steel Corporation, Kalifornien; NYSC: New York Shipbuilding Corporation, New Jersey

oder Aufwertungen eigneten, erfolgte in den frühen 1970er Jahren deren Außerdienststellung. Während vierzehn Einheiten in den USA abgewrackt wurden, diente das Typschiff »USS Dealey« (DE-1006) noch einige Jahre als »ROU 18 De Julio« in der Marine Uruguays. Ihr Abbruch fand 1991 statt. Die nach Kolumbien verkaufte »USS Hartley« (DE-1029) sollte nach ihrer Dienstzeit als »ARC Boyaca« dort als Museum erhalten bleiben, doch diese Pläne sind gescheitert. Heute liegen ihre Reste in einer Werft in Guatape. In den 1960er Jahren baute die Norwegische Marine auf Basis der »Dealey-Klasse« die fünf Einheiten der »Oslo-Klasse« für ihre eigene Flotte. Eines dieser Schiffe, die »NKM Narvik« (F-304), ist als Museum für die Nachwelt erhalten geblieben. Drei weitere Einheiten entstanden in Portugal als »Admiral-Pereira-da-Silva«-Klasse.

Schiffsklasse	»Dealey«
Aktive Dienstzeit	1954 - 1973
Standard-Verdrängung	1.314 tons
Einsatz-Verdrängung	1.870 tons
Länge über alles	95,9 m
Breite über alles	11,3 m
max. Tiefgang	5,5 m
Antrieb	2 Dampfkessel, 1 Dampfturbinen, 12.000 PS
Anzahl der Wellen	1
Geschwindigkeit	25-27 kn
Reichweite	6.000 sm bei 12 kn
Bewaffnung	Bei Indienststellung: 2 x 7,6-cm-Geschütze; 1-2 x Werfer und 1 x Ablaufvorrichtung für Wasserbombenwerfer Nach Modernisierung: 2 x 7,6-cm-Geschütze; 1 x RUR-4 »Weapon Alpha«; 6 x Torpedorohre
Besatzung	ca. 170

»Claud Jones«-Klasse

(4 gebaute Einheiten)

Im Jahre 1958 gab die U.S. Navy die vier Einheiten der »Claud Jones«-Klasse in Bau. Diese basierten weitgehend auf der »Dealey«-Klasse, stellten jedoch eine kostengünstigere Variante dar, die im Bedarfsfall in großen Stückzahlen herstellbar sein sollte. Die Schiffe erhielten eine nahezu gleiche Bewaffnung in Form von zwei 7,6-cm-Geschützen, zwei »Hedgehog«-Werfern und drei Torpedorohren auf jeder Seite. Der Antrieb bestand aus vier Dieselmotoren. Bei einer Höchstgeschwindigkeit von 22 Knoten waren die Schiffe zwar rund einen Knoten langsamer als die »Dealey«-Klasse, verfügten jedoch über einen um 1.000 Seemeilen (1.800 Kilometer) größeren Aktionsradius. Wie ihre »Halbschwesterschiffe« kam die »Claud Jones«-Klasse während der Kuba-Krise und des Vietnamkrieges zum Einsatz. Nach ihrer Ausmusterung bis 1974 erwarb Indonesien alle vier

Die »Claud Jones«-Klasse stellte eine kostengünstigere Variante der »Dealey«-Klasse dar.

Einheiten und hielt diese für drei weitere Jahrzehnte in Dienst. Gegenwärtig warten die Schiffe auf ihre Abwrackung.

Schiffsklasse	»Claud Jones«
Name	»USS Claud Jones« (DE-1033); »USS John R. Perry« (DE-1034); »USS Charles Berry« (DE-1035); »USS McMorris« (DE-1036)
Bauwerft	Avondale Marine Ways, Avondale, Louisiana
Aktive Dienstzeit	»Claud Jones«: 10.02.59 - 16.12.74; »John R. Perry«: 05.05.59 - 20.02.73; »Charles Berry«: 25.11.59 - 31.01.74; »McMorris«: 04.03.60 - 16.12.74
Standard-Verdrängung	1.314 tons
Einsatz-Verdrängung	1.970 tons
Länge über alles	95,1 m
Breite über alles	11,8 m
max. Tiefgang	ca. 3,7 m
Antrieb	4 Dieselmotoren, 9.240 PS
Anzahl der Wellen	1
Geschwindigkeit	22 kn
Reichweite	ca. 7.000 sm bei 12 kn
Bewaffnung	2 x 7,6-cm-Geschütze; 2 x »Hedgehog«-Werfer; 6 x Torpedorohre
Besatzung	ca. 170

»Bronstein«-Klasse

(2 gebaute Einheiten)

Als Reaktion auf die erstarkende sowjetische U-Boot-Flotte verstärkte die U.S. Navy ab den späten 1950er Jahren ihre »ASW«-Kapazitäten (»Anti-Submarine Warfare«) durch die Kampfwertsteigerung ihrer vorhandenen Zerstörer, Flugzeugträger und anderer Schiffsklassen (»FRAM«-Programm). Zu jenem Zeitpunkt wurden der »ASROC«-Raketentorpedo und der unbemannte Hubschrauber vom Typ Gyrodyne »QH-50 DASH« zur U-Boot-Bekämpfung verfügbar. Beide Waffensysteme sowie das leistungsfähige »SQS-26«-Bugsonar fanden bei der Entwicklung der Geleitzerstörer der »Bronstein«-Klasse Berücksichtigung. Die zwei im Jahre 1961 auf Kiel gelegten Einheiten, »USS Bronstein« (DE-1037) und »USS McCloy« (DE-1038) erhielten eine Plattform sowie einen Hangar für die unbemannten Hubschrauber vom Typ »QH-50 DASH«. 1975 erfolgte die Neuklassifizierung beider Schiffe als Fregatten (FF-1037 und FF-1038).

Die Bewaffnung umfasste neben dem achtzelligen »ASROC«-Starter vor der Brücke ein 7,6-cm-Doppelgeschütz auf dem Vorschiff sowie ein 7,6-cm-Einzelgeschütz an achtern. Die Artillerie diente primär zum Seezielbeschuss und eingeschränkt zur Luftabwehr. Auf jeder Seite der Aufbauten befand sich zudem ein dreifacher Torpedorohrsatz. Da die Eigengeräusche der Schiffe die Leistungsfähigkeit des Bugsonars beeinträchtigen, erfolgte Mitte der 1975 Jahre der Einbau eines Schleppsonars vom Typ »AN/ASQ-15 TASS« (»Towed Array Surveilance Sonar«). Um Platz für die Anlage zu schaffen, entfiel das hintere 7,6-cm-Geschütz.

Einsatzgeschichte

Nach ihrer Indienststellung 1963 dienten beide Einheiten als Eskortschiffe für Trägerkampfgruppen. Während der Endphase des Vietnamkrie-

Stapellauf der »USS McCloy« als Geleitzerstörer am 9. Juni 1962. Im Jahre 1975 erfolgte die Umklassifizierung zur Fregatte (FF-1038).

ges unterstützte die »USS Bronstein« im April 1975 die amerikanische Evakuierung der südvietnamesischen Hauptstadt Saigon (»Operation Frequent Wind«). Im Oktober 1983 verwickelte sich das Kabel des Schleppsonars der »USS McCloy« in der Schraube des sowjetischen Atom-U-Bootes »K-324«. Als dieses manövrierunfähig auftauchen musste, wurde es von amerikanischen Aufklärungsflugzeugen gesichtet. Wenig später konnte ein sowjetischer Schlepper die »K-324« jedoch nach Kuba schleppen. Je nach Quelle haben sich das U-Boot und die Fregatte gegenseitig beschattet.

Nachdem sich die umbemannten »DASH«-Hubschrauber auf der »Bronstein«-Klasse in der Praxis als unzuverlässig erwiesen hatten, erfolgte bald deren Entfernung. Da die Schiffe zu klein für den dauerhaften Betrieb und die Unterbringung bemannter Helikopter wie der SH-2 »Seasprite« oder SH-60 »Seahawk« waren, verloren die Schiffe eine wichtige Komponente ihrer U-Jagd-Kapazität. Zudem beeinträchtigte das große Bugsonar die Fahrtleistungen der Schiffe, sodass ihre Höchstgeschwindigkeit lediglich 26

Schiffsklasse	»Bronstein«
Name	»USS Bronstein« (DE-1037); »USS McCloy« (DE-1038)
Bauwerft	Avondale Marine Ways, Avondale, Louisiana
Aktive Dienstzeit	»Bronstein«: 16.06.63 - 13.12.90; »McCloy«: 21.10.63 - 04.10.91 (danach Abgabe nach Mexiko)
Standard-Verdrängung	2.360 tons
Einsatz-Verdrängung	2.960 tons
Länge über alles	113,2 m
Breite über alles	12,3 m
max. Tiefgang	ca. 7 m
Antrieb	2 Dampfkessel, 1 Dampfturbine, 20.000 PS
Anzahl der Wellen	1
Geschwindigkeit	26 kn
Reichweite	ca. 4.000 sm bei 15 kn
Bewaffnung	3 x 7,6-cm-Geschütze (später 2); 1 x »ASROC«-Starter; 6 x Torpedorohre
Besatzung	196

Knoten betrug. Somit konnten sie einerseits nicht mit den aus Zerstörern bestehenden U-Jagd-Verbänden mithalten und waren andererseits auch langsamer als die neuen sowjetischen Atom-U-Boote. 1993 erfolgte die Außerdienststellung der »Bronstein«-Klasse und anschließend die Abgabe an die Mexikanische Marine. Dort stehen beide Einheiten bis heute als »Bravo«-Klasse im aktiven Dienst.

Die »USS Bronstein« (FF-1037) im Jahre 1986. Vorne befinden sich das 7,6-cm-Doppelgeschütz und dahinter der »ASROC«-Starter. Hinter den Aufbauten ist die Hubschrauberplattform.

»Garcia«-Klasse

(11 gebaute Einheiten)

Ab 1962 erfolgte der Bau der Geleitzerstörer (und späteren Fregatten) der »Garcia«-Klasse. Nachdem die »Bronstein«-Klasse sich als zu klein für moderne Waffensysteme und den Betrieb der immer wichtiger werdenden bemannten Hubschrauber erwiesen hatte, sollten die neuen Schiffe über ausreichend Platz verfügen. Zwischen 1964 und 1968 fand die Indienststellung von insgesamt elf Einheiten statt. Diese verfügten über eine Plattform sowie einen Hangar für den Betrieb und die Unterbringung eines Helikopters vom Typ SH-2 »Seasprite«. Die Bewaffnung für die U-Boot-Abwehr umfasste einen achtzelligen »ASROC«-Starter vor der Brücke und zeitweise zwei Dreifachtorpedorohrsätze. Die Artillerie bestand aus je einem 12,7-cm-Geschütz vom Typ »Mk 30« vorne und an achtern. Diese noch aus dem Zweiten Weltkrieg stammende Rohrwaffe diente für den Land- und Seezielbeschuss und bedingt zur Luftabwehr von Unterschallflugzeugen. Bei einer Reichweite von bis zu fünfzehn Kilometern betrug die Kadenz je nach Munitionsart etwa fünfzehn Schuss pro Minute. Neben dem »SQS-26«-Bugsonar erhielten einige Einheiten ein zusätzliches Schleppsonar. Das letzte Schiff der Klasse, die »USS Glover«, diente zunächst als Erprobungsplattform (AGDE-1) für neue U-Jagd-Technologien und -taktiken und hatte nur ein 12,7-cm-Geschütz. 1979 erfolgte ihre Umklassifizierung zu einer normalen Fregatte.

Einsatzprofil und -geschichte

Die »Garcia«-Klasse sollte wie ihr Vorgänger die eigenen Trägerkampfgruppen und andere Überwassereinheiten vor feindlichen U-Boot-Angriffen beschützen, indem sie die U-Boote aufspürte und dann jagte. Für diesen Zweck war der Hubschrauber sehr wichtig, da er den Aktionsradius der Schiffe erweiterte. Im Gegensatz zur

Die »USS Albert David« 1977. Das »SPS-10«-Oberflächensuchradar oben am Mast hatte eine Reichweite von rund 66 Kilometern, das große »SPS-40«-Luftaufklärungsradar direkt über dem Schornstein (»Mack«) von bis zu 370 Kilometern.

»Bronstein«-Klasse konnten die neuen Fregatten mit ihrer stärkeren Artillerie auch Landungsoperationen unterstützen. Mit ihren 27 Knoten Höchstgeschwindigkeit waren aber auch sie merklich langsamer als Zerstörer, Kreuzer oder Flugzeugträger.
Während des Vietnamkrieges operierten Einheiten der »Garcia«-Klasse unter anderem im Golf von Tonkin als Geleitschutz für die Flugzeugträger sowie zur Artillerieunterstützung vor der Küste. Im August 1976 kollidierte die »USS Voge« (FF-1048) im Ionischen Meer nahe der griechischen Küste mit dem sowjetischen Atom-U-Boot »K-22«. Die manövrierunfähige Fregatte musste daraufhin in den französischen Hafen Toulon zur Instandsetzung geschleppt werden. Obwohl die »K-22« auch erhebliche Beschädigungen am Rumpf davongetragen hatte, konnte sie mit eigener Kraft die griechische Insel Kythira für eine provisorische Reparatur erreichen. Zwischen 1988 und 1990 erfolgte die Ausmusterung der »Garcia«-Klasse, da zwischenzeitlich

Die ausgemusterten Fregatten »ex-USS Brooke« (rechts) und »ex-USS O'Callahan« (»Garcia«-Klasse, links) mit neuen Nummern vor ihrer Vermietung an Pakistan 1989.

modernere und leistungsfähigere Fregatten ihren Dienst aufgenommen hatten. 1989 vermietete die U.S. Navy die vier ehemaligen Fregatten »USS Garcia«, »USS Koelsch«, »USS Brumby« und »USS O'Callahan« an Pakistan. Als sich die Beziehungen zwischen beiden Ländern in den kommenden Jahren wegen des von den USA kritisierten pakistanischen Atomwaffenprogramms verschlechterten, kehrten alle vier Schiffe 1994 wieder in ihre Heimat zurück. Dort erfolgte wenig später ihre Abwrackung zusammen mit sieben weiteren Einheiten der Klasse.

Die ehemalige »USS Bradley«, »USS Davidson«, »USS Sample« und »USS Albert David« hingegen wurden an die Brasilianische Marine verkauft, wo sie noch einige Jahre ihren Dienst versahen. Die »Davidson« sank versehentlich auf dem Weg nach Indien, wohin sie zusammen mit der »Sample« zum Abwracken geschleppt wurde. Je nach Quelle sollen die ehemalige »Bradley« als »Pernambuco« (D-30) sowie die ehemalige »Albert David« als »Pará« (D-27) noch heute als Teil der brasilianischen Reserveflotte existieren.

Schiffsklasse	»Garcia«
Aktive Dienstzeit	1964 - 1992
Standard-Verdrängung	2.624 tons
Einsatz-Verdrängung	ca. 3.400 tons
Länge über alles	126,3 m
Breite über alles	13,4 m
max. Tiefgang	7,5 m
Antrieb	2 Dampfkessel, 1 Dampfturbine, 35.000 PS
Anzahl der Wellen	1
Geschwindigkeit	27 kn
Reichweite	ca. 4.000 sm bei 20 kn
Bewaffnung	2 x 12,7-cm-Geschütze; 1 x »ASROC«-Starter; 6 x Torpedorohre (zeitweise)
Besatzung	247

Die »USS Bradley« verfügte von 1967 bis 1968 testweise über einen »Sea-Sparrow«-Starter auf den Aufbauten.

»Brooke«-Klasse

(6 gebaute Einheiten)

Auf Basis der »Garcia«-Klasse entstanden ab 1962 die sechs Einheiten der »Brooke«-Klasse als Geleitzerstörer mit Lenkwaffen (DEG-1 bis DEG-6). 1975 erfolgte die Umklassifizierung zu Fregatten (FFG-1 bis FFG-6). Während Schiffskörper und Antrieb nahezu gleich waren, erhielt die neue Baureihe auf dem achteren Deckshaus zusätzlich einen Einarmstarter vom Typ »Mk 22« für die Luftabwehrrakete RIM-24 »Tartar«. Zur Feuerleitung diente ein »Mk-74«-Feuerleitradar, das aber jeweils nur einen Flugkörper ins Ziel lenken konnte. In den frühen 1970er Jahren erfolgte die Umstellung auf die neuere »SM-1 MR« (»Standard Missile 1, Medium Range«). Als zusätzliche Bewaffnung waren ein 12,7-cm-Geschütz sowie ein »ASROC«-Starter vorhanden. Ursprünglich verfügten die Schiffe auch über eine Torpedoanlage. Deren Entfernung erfolgte jedoch bis Ende der 1960er Jahre. Da sich der Einsatz der unbemannten »DASH«-Hubschrauber nicht bewährt hatte, erhielten die Schiffe einen Helikopter vom Typ SH-2 »Seasprite« sowie einen vergrößerten Hangar. Während die »Halbschwesterschiffe« der »Garcia«-Klasse keine wirksame Luftabwehrkapazität erhalten hatten, schloss die neue Baureihe mit ihrer Flugkörperbewaffnung nun diese Lücke. Während des Vietnamkrieges kam die »Brooke«-Klasse daher bei den Trägerkampfgruppen zur Luftabwehr und U-Jagd zum Einsatz.

1988/89 erfolgte die Außerdienststellung aller sechs Einheiten, da inzwischen die modernere »Oliver Hazard Perry«-Klasse im Dienst stand. Kurze Zeit darauf vermietete die U.S. Navy die Fregatten »USS Brooke«, »USS Talbot«, »USS Richard L. Page« und »USS Julius A. Furer« an Pakistan. Nach diplomatischen Verstimmungen zwischen beiden Ländern kehrten alle vier Schiffe 1994 wieder in die USA zurück, wo wenig später ihre Abwrackung erfolgte. Die beiden übrigen Einheiten, die »ex-USS Ramsey« und die »ex-USS Schofield«, sanken als Zielschiffe.

Die »USS Talbot« (FFG-4) mit dem Raketenstarter mittschiffs. Die »Brooke«-Klasse war die erste Fregattenbaugruppe mit flugkörpergestützter Luftabwehr.

Das Feuerleitradar vom Typ »AN/SPG-51« für die Lenkung der Luftabwehrraketen.

Die »USS Schofield« (FFG-3) im Jahre 1983. Mast und Schornstein waren zu einer Einheit (»Mack«) zusammengefasst.

Schiffsklasse	»Brooke«
Name	»USS Brooke« (DEG-1); »USS Ramsey« (DEG-2); »USS Schofield« (DEG-3); »USS Talbot« (DEG-4); »USS Richard L. Page« (DEG-5); »USS Julius A. Furer« (DEG-6);
Bauwerft	DEG-1 bis DEG-3: Lockheed Shipbuilding Company, Seattle, Washington DEG-4 bis DEG-6: Bath Iron Works, Bath, Maine
Aktive Dienstzeit	»Brooke«: 12.03.66 - 16.09.88; »Ramsey«: 03.06.67 - 01.09.88; »Schofield«: 11.05.68 - 08.09.88; »Talbot«: 22.04.67 - 30.09.88; »Richard L. Page«: 05.08.67 - 30.09.88; »Julius A. Furer«: 11.11.67 - 31.01.89
Standard-Verdrängung	2.640 tons
Einsatz-Verdrängung	3.426 tons
Länge über alles	126,3 m
Breite über alles	13,5 m
max. Tiefgang	7,9 m
Antrieb	2 Dampfkessel, 1 Dampfturbine, 35.000 PS
Anzahl der Wellen	1
Geschwindigkeit	ca. 27 kn
Reichweite	ca. 4.000 sm bei 20 kn
Bewaffnung	1 x 12,7-cm-Geschütz, 1 x Einarmstarter für »Tartar«/»SM«; 1 x »ASROC«-Starter; 6 x Torpedorohre (später entfernt)
Besatzung	228

»Knox«-Klasse

(46 gebaute Einheiten)

In den frühen 1960er Jahren begann die U.S. Navy mit den Planungen für den Bau einer zahlenmäßig großen Klasse an Geleitzerstörern für die U-Jagd, um die vorhandenen Einheiten aus der Zeit des Zweiten Weltkrieges schrittweise zu ersetzen. In die Entwicklung der neuen »Knox«-Klasse flossen die Praxiserfahrungen mit der »Bronstein«-Klasse ein. Fast zeitgleich entstand die »Garcia«-Klasse, deren Bauprogramm jedoch nach elf Einheiten zugunsten des als besser angesehenen »Knox«-Entwurfes endete. Die zwischen 1969 und 1974 in Dienst gestellte »Knox«-Klasse umfasste insgesamt 46 Einheiten. Sie bildete daher die größte amerikanische Fregattenbaureihe der Nachkriegszeit bis zur Inbetriebnahme der nachfolgenden »Oliver Hazard Perry«-Klasse mit 71 Schiffen. Die ursprünglich als Geleitzerstörer klassifizierten Einheiten (DE-1052 bis DE-1097) galten ab 1975 offiziell als Fregatten (FF-1052 bis FF-1097). Obwohl zehn weitere Schiffe gebaut werden sollten, erfolgte deren Streichung aus Kostengründen. Die 46 Einheiten entstanden bei Todd Pacific Shipyards in Seattle und San Pedro (je 14 Schiffe), Lockheed Shipbuilding in Seattle (5) und Avondale Shipyards in New Orleans (27).

Bewaffnung

Auf dem Vorschiff befand sich ein einzelnes 12,7-cm-Geschütz vom Typ »Mk 42« zur Bekämpfung von Seezielen und eingeschränkten Luftabwehr. Dahinter stand ein achtzelliger »ASROC«-Starter für die U-Jagd. Nach einer Modifikation in den 1980er Jahren konnte dieser auch die »Harpoon« abfeuern, sodass die »Knox«-Klasse auch die Kapazität zur Bekämpfung von Schiffen über längere Distanzen erhielt. In den achteren Aufbauten befand sich auf jeder Seite ein doppelter Torpedorohrsatz. Die Schiffe erhielten eine Plattform und einen Hangar für den Betrieb von unbemannten »DASH«-Hubschraubern (Drohnen) zur U-Boot-Bekämpfung. Da das »DASH«-Programm einge-

Die »USS Patterson« noch als »DE-1061« im Ursprungszustand ohne Luftabwehrbewaffnung 1970. (U.S. National Archives 6458136)

Eine SH-2 »Seasprite« startet von der »USS Cook« (FF-1083). Links ist der Hangar sichtbar, rechts an achtern der nachgerüstete »Sea-Sparrow«-Starter zur Luftabwehr.

stellt wurde, erhielten die Schiffe stattdessen ab 1972 einen Mehrzweckhubschrauber vom Typ SH-2 »Seasprite«, der auch zur U-Jagd einsetzbar war.

Obwohl die Schiffe ursprünglich vorrangig als U-Jäger konzipiert waren, erhielten die meisten Einheiten Mitte der 1970er Jahre eine bedeutende Aufwertung ihrer Luftabwehrkapazität in Form eines achtzelligen Starters für die RIM-7 »Sea Sparrow« auf dem Achterschiff. In den

Schiffsklasse	»Knox«
Aktive Dienstzeit in USN	1969 - 1994
Standard-Verdrängung	3.020 tons
Einsatz-Verdrängung	4.066 tons
Länge über alles	133,5 m
Breite über alles	14,3 m
max. Tiefgang	7,6 m
Antrieb	2 Dampfkessel, 1 Dampfturbine, 35.000 PS
Anzahl der Wellen	1
Geschwindigkeit	27 kn
Reichweite	4.500 sm bei 20 kn
Bewaffnung	Bei Indienststellung: 1 x 12,7-cm-Geschütz; 1 x »ASROC«-Starter (später auch »Harpoon«-tauglich); 4 x Torpedorohre. Nach Modernisierung zusätzlich 1 x »Sea-Sparrow«-Starter zeitweise auf den meisten Einheiten, ersetzt durch 1 x »Phalanx« auf allen
Besatzung	245

Abschuss einer »Harpoon« zur Schiffsbekämpfung aus dem modifizierten »ASROC«-Starter der »USS Badger« (FF-1071).

Die Öffnung für die Ausbringung des Schleppsonars auf der »USS Francis Hammond« (FF-1067). Im Hintergrund befindet sich der »Sea-Sparrow«-Starter.

1980er Jahren erfolgte jedoch deren Austausch gegen eine 20-mm-Kanone vom Typ »Phalanx«. Diese Maßnahme schloss auch diejenigen Einheiten der Klasse ein, die zuvor keinen »Sea-Sparrow«-Starter erhalten hatten. Zur Abwehr von Schnellbooten und zur Zerstörung von Minen erhielten die meisten Schiffe zwei Maschinengewehre. Zur Aufspürung und Verfolgung von U-Booten diente das »SQS-26«-Bugsonar sowie ab Anfang der 1970er Jahre ein zusätzliches Schleppsonar. Neben verschiedenen Radaren für die Aufklärung und Feuerleitung verfügte die »Knox«-Klasse auch über ein System zur Elektronischen Kampfführung. Um die Ortung durch gegnerische Sonare zu erschweren, erzeugte das »Prairie-Masker«-System entlang des Rumpfes Luftblasen zur Verringerung der eigenen Schiffsgeräusche.

Einsatzprofil und -geschichte

Ursprünglich sollte die Hauptaufgabe der »Knox«-Klasse im Kriegsfall darin bestehen, Versorgungskonvois und amphibische Verbände mit einer Marschgeschwindigkeit von rund zwanzig Knoten vor feindlichen U-Boot-Angriffen zu beschützen. Während des Vietnamkrieges änderte sich das Einsatzprofil der Schiffe jedoch dahingehend, dass sie die Flugzeugträgerkampfgruppen im Südchinesischen Meer vor U-Booten beschützen mussten. Da unter anderem wegen der steigenden Kriegskosten keine Mittel für den Bau von vollwertigen U-Jagd-Zerstörern als Ersatz für die alten Geleitzerstörer aus den 1940er Jahren vorhanden waren, setzte die U.S. Navy die »Knox«-Klasse kurzerhand zur Bekämpfung von U-Booten ein. Somit musste sie eine Rolle ausfüllen, für die sie nicht konzipiert war: Mit ihrer einzelnen Dampfturbine und einer Leistung von 35.000 PS konnten die Schiffe dauerhaft lediglich 27 Knoten (und über kürzere Strecken bis zu dreißig Knoten) erreichen. Somit stellten sie außer ihrer stärkeren Bewaffnung hinsichtlich ihrer Geschwindigkeit kaum eine Verbesserung gegenüber ihren Vorgängern dar. Es war ihnen daher auch kaum möglich, auf Dauer mit schnellen Flugzeugträgern, Kreuzern und Zerstörern mitzuhalten. Zu jenem Zeitpunkt mussten die Träger je nach Flugzeugtyp mit einer hohen Fahrstufe von dreißig Knoten fahren, um so beim Katapultstart der Flugzeuge ausreichend Gegenwind für deren Abheben vom Flugdeck zu erzeugen. Da die »Knox«-Klasse wegen der Einstellung des »DASH«-Drohnen-Programms keine Luftfahrzeuge erhalten hatte, dauerte es bis Anfang der 1970er Jahre, als mit der Einführung der SH-2 »Seasprite« eine erweiterte U-Jagd möglich wurde. Trotz ihrer Einschränkungen kamen die Schiffe als Eskorten von Flugzuträgern und anderen Überwassereinheiten während der Kriege gegen den Irak und Afghanistan sowie bei zahlreichen weiteren Operationen zum Einsatz. Nach dem Ende des Kalten Krieges, der damit

verbundenen Verkleinerung der Flotte sowie der zwischenzeitlich in Betrieb genommenen Nachfolger der »Oliver Hazard Perry«-Klasse fand bis 1994 die Außerdienststellung aller 46 Schiffe statt. In den kommenden Jahren erfolgte entweder der Verkauf oder die Übergabe von Einheiten der ehemaligen »Knox«-Klasse an die Türkei (12), Taiwan (8), Mexiko (4), Ägypten (2), Griechenland (2) und Thailand (2), wo diese zum Teil noch in aktivem Dienst stehen. Die übrigen sechzehn Fregatten wurden entweder abgewrackt, als Zielschiffe versenkt oder warten noch auf ihre Zerlegung. Bemühungen, dass Typschiff »USS Knox« (FF-1052) als Museumsschiff zu erhalten, sind gescheitert. Auf Basis der Baureihe entstanden in Spanien während der frühen 1970er Jahre für die Armada Español fünf Einheiten der »Baleares«-Klasse.

Die »USS Downes« (FF-1070) im Jahre 1985 mit der weißen »Phalanx«-Kanone am Heck. Diese ersetzte den »Sea-Sparrow«-Starter auf der »Knox«-Klasse.

»Oliver Hazard Perry«-Klasse

(71 gebaute Einheiten)

Als Nachfolger der »Knox«-Klasse erfolgte in den frühen 1970er Jahren die Entwicklung der »Oliver Hazard Perry«-Klasse. Diese stellt mit 71 Einheiten bis heute die zahlenmäßig größte amerikanische Fregattenbaureihe der Nachkriegszeit dar. Von diesen dienten 51 Schiffe in der U.S. Navy und zwanzig in ausländischen Marinen. Australien stellte sechs Fregatten als »Adelaide«-Klasse in Dienst, von denen vier in den USA und zwei in Australien entstanden. Die Armada Español ließ ihre sechs Schiffe der »Santa-Maria«-Klasse in Lizenz auf einer heimischen Werft bauen. Die Taiwanesische Marine baute ihre Variante als »Cheng-Kung«-Klasse mit acht Einheiten ebenfalls im eigenen Land.
Ursprünglich sollten die 51 Schiffe für die U.S. Navy die Bezeichnung »Patrol Frigate« erhalten, doch im Zuge der allgemeinen Umklassifizierung 1975 erfolgte eine Festlegung als »Guided Missile Frigate«. Die Lenkwaffenfregatten erhielten die Nummern »FFG-7« (»USS Oliver Hazard Perry«) bis »FFG-61« (USS »Ingraham«). Die vier Kennungen »FFG-17/18/35/44« fielen auf die für Australien gebauten Fregatten. Die amerikanischen Einheiten entstanden auf zwei Werften an drei Standorten: Todd Pacific Shipyards in Seattle, Washington (9), und San Pedro, Kalifornien (18), sowie Bath Iron Works in Bath, Maine (24). Die Indienststellung aller Schiffe fand zwischen 1977 und 1989 statt.
Der Bau der Klasse erfolgte mit zwei verschiedenen Rumpflängen. Die »Short-Hull«-Variante war 135,6 Meter lang und umfasste insgesamt 21 Einheiten (FFG-9 bis FFG-27 und FFG-7/30/31/34). Die »Long-Hull«-Version mit dreißig Schiffen mit 138,1 Metern war zweieinhalb Meter länger (FFG-8/28/29/32/33 und FFG-36 bis FFG-61). Während Erstere noch auf den Betrieb des kleineren Hubschraubers vom Typ SH-2 »Seasprite« ausgelegt waren, sollten Letztere den größeren und vielseitigeren SH-60 »Seahawk« mitführen können. Für dessen Start und Landung war eine Verlängerung der Helikopterplattform auf dem Achterschiff erforderlich.

Die U.S. Navy stellte insgesamt 51 Einheiten der »Oliver Hazard Perry«-Klasse in Dienst. Von vorne nach hinten: »USS Jack Williams«, »USS Antrim« und »USS Oliver Hazard Perry«.

Der Hangar der »USS Clark« (FFG-11) mit dem kleineren »Seasprite«-Hubschrauber. Das Schiff gehörte zu den 21 »Short-Hull«-Einheiten.

Der Hangar der »USS McClusky« (FFG-41) gehörte zu den dreißig »Long-Hull«-Einheiten mit längerem Heck zur Aufnahme des größeren »Seahawk«-Hubschraubers.

Beide Varianten der »Oliver Hazard Perry«-Klasse erhielten einen Hangar für die Unterbringung von zwei Hubschraubern. Der Antrieb bestand aus zwei Gasturbinen mit einer Gesamtleitung von 40.000 PS, die den Schiffen eine Höchstgeschwindigkeit von rund dreißig Knoten ermöglichten. Somit waren sie rund drei Knoten schneller als die vorangegangene »Knox«-Klasse und eigneten sich besser für den Einsatz mit schnellen Trägerkampfgruppen. Fielen die Turbinen aus, konnte die »Oliver Hazard Perry«-Klasse auf zwei elektrische Hilfsantriebe mit je 350 PS zurückgreifen. Diese waren im Bugbereich ausfahrbar, ermöglichten eine Fahrtge-

Schiffsklasse	»Oliver Hazard Perry«
Aktive Dienstzeit in USN	1977 - 2015
Standard-Verdrängung	ca. 3.010 tons
Einsatz-Verdrängung	bis zu 4.100 tons
Länge über alles	»Short Hull«: 135,6 m; »Long Hull« 138, 1 m
Breite über alles	13,5 m
max. Tiefgang	7,5 m
Antrieb	2 Gasturbinen, 40.000 PS
Anzahl der Wellen	1
Geschwindigkeit	ca. 30 kn
Reichweite	4.500 sm bei 20 kn (ca. 5.000 bei 18 kn)
Bewaffnung	1 x 7,6-cm-Geschütz; 1 x Einarmstarter für »SM«/»Harpoon«; 1 x »Phalanx«; 6 x Torpedorohre, mehrere kleinere Maschinengewehre
Besatzung	176

Die »USS Stark« (FFG-31) nach den zwei Raketen-treffern mit Schlagseite am 17. Mai 1987.

Die beschädigte »USS Samuel B. Roberts« (FFG-58) auf dem Halbtaucherschiff »Mighty Servant 2« auf dem Weg in die USA.

schwindigkeit von bis zu sechs Knoten und erleichterten die Anlegemanöver.

Bewaffnung

Während die »Knox«-Klasse primär auf die U-Jagd ausgelegt war, zeichnete sich die »Oliver Hazard Perry«-Klasse durch eine stärkere Luftabwehrausstattung aus. Die ursprüngliche Bewaffnung bestand aus einem Einarmstarter vom Typ »Mk 13« für die Boden-Luft-Rakete »SM-1 MR« und den Seezielflugkörper »Harpoon«. Nach dem Jahre 2000 entschied die U.S. Navy, die »SM-1 MR« aufgrund ihrer schlechten Abwehrkapazität gegen tief anfliegende Raketen auszumustern. Nach dem Ausbau der Starter erhielten die Schiffe aus Kostengründen jedoch kein Ersatzsystem, sodass die »Oliver Hazard Perry«-Klasse ihre Hauptbewaffnung verlor. Obwohl es in der Folgezeit die Überlegung gab, die zu jenem Zeitpunkt noch aktiven Schiffe mit Raketenstartern für die RIM-116 »Rolling Airframe Missile« nachzurüsten, fand diese keine Umsetzung. Die Artilleriebewaffnung bestand aus einem radargeleiteten 7,6-cm-Geschütz für den Beschuss von See- und Landzielen. Die Abwehr von Luftfahrzeugen oder Flugkörpern war bedingt möglich. Die Kadenz betrug bis zu achtzig Schuss in der Minute, die Reichweite lag bei achtzehn Kilometern. Für die Luftnahverteidigung war eine 20-mm-Kanone vom Typ

»Phalanx« auf dem Hangar vorhanden. Ein dreifacher Torpedorohrsatz auf jeder Seite diente zur U-Boot-Abwehr. Die Bordhubschrauber waren ebenfalls zur Erfassung, Verfolgung und Bekämpfung von Unterseebooten ausgelegt. Die elektronische Ausstattung umfasste verschiedene Radarsysteme zur Aufklärung und Feuerleitung für die Artillerie, die »Phalanx« und die Flugkörper. Die Sonarausrüstung bestand bei allen Einheiten aus einem »SQS-56« im Bug. Die »Long-Hull«-Versionen verfügten über ein zusätzliches Schleppsonar. Das »AN/SLQ-32«-System für die Elektronische Kampfführung bestand aus Anlagen und Antennen für Aufklärungs- und Störsendereinsätze. Zur Ablenkung von anfliegenden Raketen konnten die Schiffe Düppel und Flares in die Luft schießen. Als ein weiterer Täuschkörper kam die »Nulka« zum Einsatz. Dieser Flugkörper schwebt nach dem automatischen Start über der Wasseroberfläche und kann durch seine Radarsignatur feindliche Raketen auf sich ziehen. Zur Ablenkung feindlicher Torpedos kam ein unter Wasser geschleppter Schwimmkörper vom Typ »Nixie« zum Einsatz, der die Antriebsgeräusche des Schiffes imitierte.

Einsatzprofil und -geschichte

Die »Oliver Hazard Perry«-Klasse kam zusammen mit der »Knox«-Klasse zum Schutz von Flugzeugträgern, Kampfverbänden (»Task

Forces«) oder Versorgungskonvois zum Einsatz. Während Erstere für die Luftverteidigung zuständig war, war Letztere auf die U-Boot-Abwehr ausgelegt. Nach der Entfernung der Raketenstarter auf der »Oliver Hazard Perry«-Klasse verlor diese jedoch ihre Hauptkapazität zur Bekämpfung bzw. Abwehr von Luftfahrzeugen, Flugkörpern und Seezielen. Nach ihrer Indienststellung ab 1977 kamen die Fregatten während der Kriege gegen den Irak und Afghanistan sowie bei zahlreichen weiteren Operationen zum Einsatz. Während des Iran-Irak-Krieges gehörte die »USS Stark« (FFG-31) zu den amerikanischen Seestreitkräften, die kuwaitische Öltanker im Rahmen der »Operation Ernest Will« eskortierten. Am 17. Mai 1987 griff eine irakische Mirage »F-1« aus ungeklärten Gründen die Fregatte mit zwei »Exocet«-Flugkörpern an. Durch eine Fehlfunktion ihres »Phalanx«-Verteidigungssystems eröffnete die »USS Stark« kein Abwehrfeuer. Die erste Rakete traf den Rumpf, die zweite die Aufbauten. 37 Besatzungsmitglieder kamen ums Leben. Nach einer notdürftigen Reparatur in Bahrain erfolgte die komplette Instandsetzung in den USA. Ebenfalls während des Iran-Irak-Krieges lief die »USS Samuel B. Roberts« (FFG-58) am 14. April 1988 auf eine iranische Seemine. Diese riss ein rund fünf Meter großes Loch in den Rumpf. Obwohl es Verletzte gab, kam niemand ums Leben. Nach einer provisorischen Abdichtung brachte das Halbtaucherschiff »Mighty Servant 2« die Fregatte zur endgültigen Reparatur in die USA. Die Außerdienststellung der ersten Einheiten der »Oliver Hazard Perry«-Klasse erfolgte in den späten 1990er Jahren, die letzten Schiffe verließen bis 2015 die aktive Flotte. Obwohl die meisten Fregatten noch in gutem Zustand und daher noch für einige Jahre diensttauglich waren, gaben andere Gründe den Ausschlag für die Ausmusterung: Nach der Entfernung des Raketenstarters waren die Schiffe nicht mehr fähig, Luft- oder Seeziele zu bekämpfen. Eine Nachrüstung mit neuen Flugkörpersystemen galt als zu kostenintensiv. Dar-

über hinaus wünschte sich die U.S. Navy für die Zukunft einen vielseitigeren Schiffstyp, um den Herausforderungen des 21. Jahrhunderts besser begegnen zu können. Dies schließt die asymmetrische Kriegsführung gegen den internationalen Terrorismus ein. Aus diesem Grund erhielt die »Oliver Hazard Perry«-Klasse keinen direkten Nachfolger. Ihre Aufgaben werden in Zukunft zum Teil Zerstörer und die neuen »Littoral Combat Ships« (Küstenkampfschiffe) der »Freedom«- und »Independence«-Klasse übernehmen. In den vergangenen Jahren erfolgte der Verkauf oder die Übergabe von außer Dienst gestellten Einheiten der »Oliver Hazard Perry«-Klasse an die Türkei, Bahrain, Ägypten, Polen, Thailand und Pakistan. Die übrigen Fregatten werden abgewrackt oder als Zielschiffe versenkt. Es gibt auch Bemühungen, eine oder mehrere Einheiten als Museumsschiffe zu erhalten.

Alt trifft Neu: Die »USS Carr« (FFG-52) von 1985 passiert die Fregatte »USS Constitution« (Baujahr 1797) im Bostoner Hafen. Die »Constitution« ist das älteste schwimmende »aktive« Marineschiff der Welt.

»Freedom«-Klasse

(4 gebaute Einheiten, weitere in Bau und Planung)

Seit dem Ende des Kalten Krieges und dem Beginn des 21. Jahrhunderts stehen die amerikanischen Streitkräfte vor neuen Herausforderungen. Zu diesen zählt die Bekämpfung des internationalen Terrorismus in Form der asymmetrischen Kriegsführung. Da die U.S. Navy einen großen Teil ihrer zukünftigen Missionen in küstennahen Gewässern sieht, gab sie die Entwicklung entsprechender Wasserfahrzeuge in Form von »Littoral Combat Ships« (Küstenkampfschiffen) in Auftrag. Zu deren Einsatzprofil sollen die geheimdienstliche Aufklärung, die Ablieferung oder Abholung von Spezialkommandos sowie der Begleitschutz von Landungseinheiten gehören. Um diese Aufgaben möglichst ohne Kenntnis des Gegners durchführen zu können, müssen die Schiffe über gewisse Tarnkappenkapazitäten wie eine reduzierte Radar-, Wärme- und Akustiksignatur verfügen.

Zur effektiven Bewegung in Küstengewässern müssen sie zudem eine hohe Geschwindigkeit, eine gute Manövrierfähigkeit, einen geringen Tiefgang sowie eine auf die Einsätze zugeschnittene Bewaffnung und Ausrüstung aufweisen. Trotz ihrer Vielseitigkeit eignen sich die Flugzeugträger oder die amphibischen Angriffsschiffe alleine schon wegen ihres großen Tiefgangs fast ausschließlich für den Einsatz auf dem offenen Meer. Zudem ist es ihnen aufgrund ihrer Größe und der zusätzlichen Begleitschiffe unmöglich, unerkannt zu operieren. Da die U.S. Navy bis 2015 die »Oliver Hazard Perry«-Klasse nach Entfernung ihrer Raketenbewaffnung außer Dienst gestellt hat, soll der neue Schiffstyp auch deren Rolle größtenteils übernehmen. Nach dem Jahre 2000 reichten Lockheed Martin und General Dynamics je ein Konzept für ein »Littoral Combat Ship« (LCS) bei der U.S. Navy ein. Nach der Bewilligung beider Entwürfe entstanden somit zwei Klassen von Küstenkampfschiffen. Die erste war die »Freedom«-Klasse

Das Typschiff »USS Freedom« (LCS-1) mit Tarnanstrich. Auf dem Hangar befindet sich ein »RAM«-Starter zur Luftabwehr. Der Durchschnittspreis soll 360 Millionen US-Dollar pro Schiff betragen.

Das hochseetaugliche »Littoral Combat Ship« vereinigt die Eigenschaften von Fregatten, Küstenpatrouillenbooten und Minensuchern in einem Schiffstyp und soll diese überflüssig machen.

von Lockheed Martin, die andere die »Independence«-Klasse von General Dynamics.

Schiffskörper und Antrieb

Die Fertigung des ersten »Littoral Combat Ships« mit dem Namen »USS Freedom« (LCS-1) in Sektionsbauweise begann 2005, seine Indienststellung fand drei Jahre später statt. Wegen massiver Budgetüberschreitungen bei der Fertigung erwog die U.S. Navy zwischenzeitlich eine Einstellung des Bauprogramms. Nach der Erzielung einer Einigung mit der Werft erfolgte jedoch die Fertigstellung weiterer Einheiten. Diese befinden sich entweder bereits im Dienst oder in der Ausrüstungsphase. Die Planungen der U.S. Navy sehen eine Gesamtzahl von rund zwanzig Schiffen vor. Der Antrieb besteht aus zwei Gasturbinen und zwei Dieselmotoren in Form des »CODAG«-Prinzips (»Combined Diesel and Gas«): Bei diesem treiben die Turbinen und die Diesel über ein Getriebe die Wellen an. Während die sparsameren Diesel für niedrige Geschwindigkeiten und die Marschfahrt zum Einsatz kommen, erfolgt die Hinzuschaltung der leistungsstärkeren (und weniger sparsameren) Turbinen zur Erreichung höherer Fahrtstufen bis hin zur Höchstgeschwindigkeit. Anstelle herkömmlicher Schiffsschrauben kommen vier schwenkbare sogenannte »Waterjets« (Wasserstrahlantriebe) zum Einsatz. Je nach Quelle der U.S. Navy liegt die Höchstgeschwindigkeit der »Freedom«-Klasse bei bis zu 47 Knoten. Die Reichweite beträgt rund 3.500 Seemeilen (ca. 6.500 Kilometer) bei einer Marschfahrt von vierzehn Knoten. Zur generellen Stromerzeugung und Versorgung der zahlreichen elektronischen Bordsysteme dienen zwei zusätzliche Dieselmotoren. Während die ersten beiden Einheiten, »USS Freedom« (LCS-1) und »USS Fort Worth« (LCS-3), über einen nahezu identischen Antrieb verfügen, erhielt das dritte Schiff »USS Milwaukee« (LCS-5) neben zahlreichen Detailverbesserungen auch eine modifizierte Maschinenanlage, die bessere Fahrtleistungen ermöglichen soll.

Während der Rumpf aus widerstandsfähigem Stahl besteht, sind die Aufbauten aus Gründen der Gewichtsersparnis größtenteils aus Aluminium gefertigt. Durch die Konstruktion als Halbgleiter verdrängt der Rumpf weniger Wasser als herkömmliche Schiffskörper. Dieses Merkmal ermöglicht die Schnelligkeit von 47 Knoten, eine hohe Manövrierfähigkeit sowie einen relativ niedrigen Tiefgang von 4,3 Metern. Letzterer ist für den Einsatz in seichten Küstengewässern essentiell. Beim Einsatz von Spezialkräften an fremden Küsten ist die Mitführung von schnellen Schlauchbooten möglich, die über eine Klappe im Heck ins Wasser gelassen und wieder aufgenommen werden können. Für diesen Zweck ist ein spezieller ausfahrbarer Auslegerkran vorhanden (»Universal 3-Axis Overhead Crane System«). Auf jeder Seite des Achterschiffes befindet sich zudem je eine große vertikale Luke, an der Boote oder andere kleinere Überwassereinheiten zur Betankung oder Versorgung mit Munition oder Ausrüstung festmachen können.

Tarnkappenkapazität
Der Rumpf und die Aufbauten, die optisch an die »Arleigh Burke«-Zerstörer erinnern, erhielten geneigte Seitenwände, um eintreffende Radarstrahlen entweder in den Himmel oder auf das Wasser abzulenken. Die Reduzierung der akustischen und thermischen Emissionen sowie die Formgebung der abstehenden Schiffsteile sowie der Geschütze erfolgte ebenfalls nach dem Tarnkappenprinzip.

Bewaffnung
Durch ihre küstennahen Einsätze müssen die Einheiten der »Freedom«-Klasse auch gegen Bedrohungen aus relativ kurzen Entfernungen gewappnet sein. Zu diesen gehören Seeminen, land-, luft- und seegestützte Raketensysteme, Luftangriffe durch Flugzeuge, Helikopter, Droh-

nen und Bomben, Torpedoangriffe durch Schnellboote oder Artillerie- bzw. Maschinengewehrbeschuss. Um schnell auf diese Szenarien reagieren zu können, besteht ein Großteil der Bewaffnung aus Rohrwaffen: Auf dem Vorschiff befindet sich ein 5,7-cm-Geschütz von BAE Systems für die Bekämpfung verschiedene Ziele. Aufgrund seines schnellen Ansprechverhaltens eignet es sich auch für den Luftzielbeschuss. Die maximale Reichweite beträgt siebzehn Kilometer. Für Schusswechsel oder Gefechte über kurze Distanzen dienen zwei 30-mm-Maschinenkanonen vom Typ »Bushmaster II«. Diese befinden sich je in einem flachen Turm auf den Aufbauten. Hinzu kommen vier 12,7-mm-Maschinengewehre vom Typ Browning »M2«. Zur Nahabwehr von Flugkörpern dient ein 21-zelliger Raketenstarter vom Typ RIM-116 »RAM« (»Rolling Airframe Missile«) auf dem Hangar. Zur U-Boot-Abwehr dient auf jeder Seite ein dreifacher Torpedorohrsatz. Als zusätzliche Waffe zur Bekämpfung von See- und Landzielen ist die Nachrüstung mit der AGM-176 »Griffin« vorgesehen. Neben einer vielseitig einsetzbaren Anlage zur Elektronischen Kampfführung und Aufklärung verfügen die Schiffe über verschiedene Täuschkörpersysteme. Zur gleichzeitigen Erfassung und Bekämpfung von Luft- und Seezielen dient das leistungsfähige Multifunktionsradar vom Typ »TRS-3« von EADS.

Module bzw. »Mission Packages«
Je nach geplantem Einsatzzweck ist eine Ausrüstung der Schiffe mit passenden Modulen, den sogenannten »Mission Packages«, möglich. Diese gelangen in standardisierten Containern an Bord, wo eine schnelle Vernetzung mit der Schiffselektronik durch kompatible Schnittstellen mit der Schiffselektronik erfolgt. Drei verschiedene Module können künftig auf der »Freedom«-Klasse zum Einsatz kommen: »Mine Countermeasure Package« (MCM): Je nachdem, ob sich die Mine an der Wasseroberfläche oder in einer bestimmten Tiefe befindet, kann entweder ein unbemanntes Über- oder

Ein unbemanntes U-Boot (»Remote Minehunting System« / RMS) zur Unschädlichmachung von Seeminen.

Unterwasserfahrzeug oder ein Hubschrauber diese erfassen und unschädlich machen. Durch diese Kapazität ersetzen die Schiffe klassische Minensucher und -räumer.

»Surface Warfare Package« (SuW): Dieses soll unter Einbeziehung der gesamten Rohr- und Flugkörperbewaffnung selbst eine große Anzahl von angreifenden Schnellbooten abwehren. Das System wählt hierbei die passende Waffe (Artillerie oder Rakete) je nach Entfernung, Geschwindigkeit und Größe der feindlichen Einheiten aus. So kommt beispielsweise die 30-mm-Maschinenkanone für Ziele bis zu einer Entfernung von vier Kilometern zum Einsatz und Raketen für Ziele bis hinter den Horizont.

»Anti-Submarine Warfare Package« (ASW): Dieses besteht aus einer Kombination verschiedener Über- und Unterwasserschleppsonare, hubschraubergestützten Sonarbojen und Torpedos zur U-Boot-Erfassung und -Bekämpfung. Zudem ist ein Unterwassertäuschkörper zur Ablenkung feindlicher Torpedos einsetzbar. Je nach Quelle leidet dieses Modul jedoch unter Entwicklungsproblemen, sodass seine Zukunft ungewiss scheint.

Während die Stammbesatzung der »Freedom«-Klasse lediglich aus vierzig Personen besteht, dienen weitere 35 für den Betrieb der Hubschrauber und der Module (»Mission Package Crew«). Ein hoher Grad an Automatisierung reduziert die Personalstärke und somit die Unterhaltskosten der Schiffe.

Zukunft

Zukünftige Einheiten der »Freedom«-Klasse sollen als neue Unterklasse eine stärkere und vielseitigere Bewaffnung durch den Einbau eines »Vertical Launch Systems« (siehe auch »Arleigh Burke«-Klasse) sowie verbesserte Schutzeinrichtungen erhalten. Mit dieser Aufwertung soll sich das Aufgabenspektrum der Schiffe als sogenannte »Small Surface Combatants« neben küstennahen Operationen auch auf Einsätze mit oder ohne andere Flotteneinheiten auf dem offenen Meer erweitern.

Schiffsklasse	»Freedom«
Name	»USS Freedom« (LCS-1); »USS Fort Worth« (LCS-3); »USS Milwaukee« (LCS-5); »USS Detroit« (LCS-7); »USS Little Rock« (LCS-9); »USS Sioux City« (LCS-11); »USS Wichita« (LCS-13); »USS Billings« (LCS-15); »USS Indianapolis« (LCS-17)
Bauwerft	Marinette Marine Corporation, Marinette, Wisconsin (für Lockheed Martin)
Indienststellung	»Freedom«: 08.11.08; »Fort Worth«: 22.09.12; »Milwaukee«: 21.11.15; »USS Detroit«: 2016 (alle anderen im Bau)
Standard-Verdrängung	unbekannt
Einsatz-Verdrängung	ca. 3.500 tons
Länge über alles	118,1 m
Breite über alles	17,6 m
max. Tiefgang	4,3 m
Antrieb	2 Gasturbinen mit 36 MW, 2 Diesel (CODAG)
Anzahl der Wellen	4 Waterjets
Geschwindigkeit	ca. 47 kn
Reichweite	3.500 sm bei 14 kn
Bewaffnung	1 x 5,7-cm-Geschütz; 2 x 30-mm-Kanonen; 4 x 12,7-mm-MGs; 1 x »Rolling Air Frame« (21 Zellen); 6 x Torpedorohre
Besatzung	75

»Independence«-Klasse

(2 gebaute Einheiten, weitere in Bau und Planung)

Parallel zur »Freedom«-Klasse verfügt die U.S. Navy seit 2010 auch über Küstenkampfschiffe der »Independence«-Klasse von General Dynamics. Da auch diese Baureihe unter massiven Budgetüberschreitungen bei der Fertigung des Typschiffes litt, führten Differenzen mit der U.S. Navy zu einer Verzögerung des Programms. Nach der Erzielung einer Einigung erfolgte der Weiterbau. Insgesamt soll die Klasse aus zwölf Schiffen bestehen, sodass die U.S. Navy zusammen mit den zwanzig Einheiten der »Freedom«-Klasse in naher Zukunft über insgesamt 32 »Littoral Combat Ships« zu verfügen hofft. Beide Baureihen sollen die seit 2015 außer Dienst gestellten »Oliver Hazard Perry«-Fregatten ersetzen und auch die Rolle von kleineren Schiffen wie Patrouillen- und Minensuchbooten übernehmen. Obwohl beide Klassen über den gleichen Antrieb und sehr ähnliche Waffen- und Elektroniksysteme verfügen, unterscheiden sich ihre Schiffskörper grundlegend voneinander: Während die »Free-

dom«-Klasse einen Halbgleiterrumpf erhielt, entstand die »Independence«-Klasse als Trimaran größtenteils aus gewichtssparendem Aluminium. Kritiker halten sie daher für weniger widerstandsfähig im Gefecht als Schiffe aus Stahl. Die aus einem zentralen Hauptrumpf und zwei äußeren kleineren Rümpfen bestehende Konstruktion zeichnet sich durch Schnelligkeit, gute Seetüchtigkeit und eine stabile Lage auch bei roher See aus. Somit bietet die Konstruktion eine stabile Waffenplattform. Ihr Entwurf geht auf einen bewährten Trimaran zurück, der als schnelles und komfortables Reiseschiff beim australischen Schiffbauunternehmen Austal entstanden war. Aus diesem Grund erfolgt die Fertigung der »Independence«-Klasse in Sektionsbauweise im Auftrag von General Dynamics auch bei Austal USA in Mobile, Alabama. Bei einer Einsatzverdrängung von rund 3.000 tons ist sie rund 400 tons leichter als die »Freedom«-Klasse. Je nach Quelle soll sie auch etwas schneller sein. Die geneigten Seitenwände bei Rumpf und Aufbauten sowie andere Maßnahmen sollen die Radarsignatur reduzieren. Das Einsatzprofil entspricht

Das Typschiff »USS Independence« mit einer »O.-H.-Perry«-Fregatte. Seit der Ausmusterung der Fregatten übernehmen zunehmend »Littoral Combat Ships« deren Aufgaben.

Dieses Bild der »USS Independence« (vorne) und der »USS Freedom« verdeutlicht die schiffbaulichen Unterschiede beider Klassen.

größtenteils dem der »Freedom«-Klasse.

Bewaffnung

Die Waffensysteme der »Independence«-Klasse gleichen denen der »Freedom«-Klasse mit Ausnahme des Raketenstarters für die Nahabwehr von Flugkörpern. Statt einer RIM-116 »RAM« erhielt Erstere eine weiterentwickelte Variante mit der Bezeichnung »SeaRAM«. Diese funktioniert völlig autonom und muss daher nicht in das Gesamtverteidigungssystem des Schiffes eingebunden sein. Sollte dieses ausfallen, wäre die »SeaRAM« weiterhin einsatzfähig. Die U.S. Navy plant, auch die »Freedom«-Klasse künftig mit dieser Waffe auszurüsten. Beide Baureihen sollen auch Lenkwaffen vom Typ BGM-176 »Griffin« zur Bekämpfung von See- und Landzielen erhalten. Ein weiterer Unterschied ist das Fehlen einer Torpedobewaffnung. Mit 1.030 Quadratmetern ist das Landedeck der »Independence«-Klasse etwas größer. Auch sie kann zwei »Seahawks« oder alternativ einen

Die Aufnahme zeigt die Schlauchboote in ihren Haltungen und den ausfahrbaren Bootskran im Heck.

»Seahawk« zusammen mit drei Drohnen aufnehmen. Darüber hinaus kann auch der größere CH-53 »Sea Stallion« auf ihr landen. Das Schiff soll bis Seegang 5 (Rohe See) noch stabil genug im Wasser liegen, um Hubschrauber starten und landen zu lassen. Der Hangar vor dem Landedeck ist 351 Quadratmeter groß und fasst zwei »Seahawks«. Zusätzlich zu den drei Einsatzmodulen für die Bekämpfung von Oberflächenzielen, U-Booten und Minen (siehe »Freedom«-Klasse) ist auch der Transport von mehreren leichten Panzern oder »Humvees« möglich. Diese können über eine RoRo-Rampe an Bord fahren und werden dann wie die Module über einen Aufzug in den Hangar unter dem Landedeck befördert. Somit eignet sich die »Independence«-Klasse auch als schneller und bewaffneter Transporter für Truppen und Ausrüstungen. Sie kann ebenfalls Schlauchboote für Spezialkräfte ausbringen und aufnehmen. Diese rund sieben Meter langen Boote kommen auch zur Kontrolle von Schiffen zum Einsatz, wenn ein Verdacht auf Schmuggel von Menschen,

Der Trimaran-Schiffskörper der »USS Independence« (LCS-2) besteht aus einem mittleren Hauptrumpf und zwei kleineren Außenrümpfen. Diese dienen zur Kippstabilität.

Waffen oder Drogen vorliegt. Wie die »Freedom«-Klasse soll auch die »Independence«-Klasse eine Kampfwertsteigerung in Form von neuen Waffensystemen im Rahmen des »SSC«-Programms (»Small Surface Combatant«) erhalten.

Schiffsklasse	»Independence«
Name	»USS Independence« (LCS-2); »USS Coronado« (LCS-4); »USS Jackson« (LCS-6); »USS Montgomery« (LCS-8); »USS Gabrielle Giffords« (LCS-10); »USS Omaha« (LCS-12); »USS Manchester« (LCS-14); »USS Tulsa« (LCS-16); »Charleston« (LCS-18)
Bauwerft	Austal USA, Mobile, Alabama (für General Dynamics)
Indienststellung	»Independence«: 16.01.10; »Coronado«: 05.04.14; »Jackson«: 05.12.15 (alle anderen im Bau)
Standard-Verdrängung	unbekannt
Einsatz-Verdrängung	ca. 3.100 tons
Länge über alles	127,6 m
Breite über alles	31,6 m
max. Tiefgang	4,3 m
Antrieb	2 Gasturbinen mit 36 MW, 2 Diesel (CODAG)
Anzahl der Wellen	4 Waterjets
Geschwindigkeit	ca. 47 kn oder mehr
Reichweite	3.500 sm bei 14 kn
Bewaffnung	1 x 5,7-cm-Geschütz; 2 x 30-mm-Kanonen; 4 x 12,7-mm-MGs; 1 x »SeaRAM« (21 Zellen)
Besatzung	75